Kurt Tepperwein

Erfolg-Reich-Sein

W0190518

KURT TEPPERWEIN

ERFOLG REICH SEIN

DIE DREISSIG SCHRITTE IN EIN ERFOLGREICHES LEBEN

//////////////////////// SILBERSCHNUR ////////////////////////

© Verlag »Die Silberschnur« GmbH

ISBN 3-931 652-68-8

1. Auflage 1999
2. Auflage 2001

Lektorat: Mara Ordemann, Neuwied
Covergestaltung: dtp XPresentation, Boppard
Druck: Finidr, s.r.o.

Verlag »Die Silberschnur« GmbH · Steinstraße 1 · D-56593 Güllesheim

www.silberschnur.de
e-mail: info@silberschnur.de

Inhaltsverzeichnis

Das Grundgesetz des Erfolgs

Erfolgreich - mit Erfolg reich sein - wer möchte das nicht?

Sicherlich gibt es Menschen, die mit ihrem Leben zufrieden sind. Die meisten aber möchten etwas ändern, möchten erfolgreicher sein, sehen aber keinen Weg, diesen Wunsch in die Praxis umzusetzen. Nun: Hier ist ein solcher Weg, noch dazu ein sicherer und, vielleicht, sogar der einzige.

Wer sich ein besseres Leben wünscht, sollte damit beginnen, sich und sein Verhalten zu überprüfen, denn die Lebensumstände sind nur ein Spiegelbild unserer inneren Wirklichkeit. Wenn wir ein Haus bauen wollen, machen wir zunächst einen Plan. Wollen wir Erfolg haben, müssen wir genauso vorgehen. Wir müssen uns zunächst darüber klar werden, was wir erreichen möchten. Dann müssen wir ein inneres Bild des erwünschten Endzustandes schaffen und dieses Bild mit einem starken Gefühl aufladen. Die Verwirklichungskraft unserer Gedanken hängt davon ab, wie präzise wir uns das Bild des erwünschten Endzustandes vorstellen, wie stark wir es mit Gefühl aufladen, und wie oft wir diesen Vorgang wiederholen.

Negative Gedanken haben negative Ergebnisse zur Folge, denn wir können für falsches Verhalten nicht noch eine Belohnung erwarten. Sobald wir das Gesetz von Ursache und Wirkung erkannt haben und damit umgehen können, dient es uns und hilft uns, unser Leben erfolgreich zu gestalten, uns zur Freude und anderen zum Beispiel. Das Leben ist eine einzige Aufforderung, wohlhabend und glücklich zu sein, denn wir sind hier auf der Erde, um die geistigen Gesetze zu erkennen und zu befolgen. Wohlstand und Glück sind unser Lohn. Erfolg ist jedoch kein Geschenk, sondern muß hart erarbeitet werden.

Wer im Leben keinen Erfolg hat, braucht sich deshalb nicht gleich für einen Pechvogel zu halten. Armut ist immer nur das letzte Glied einer Kette falschen Denkens, wir aber sollen aus der Fülle leben.

Im Leben schreitet der am sichersten voran, der am besten vorbereitet ist, seine Kräfte optimal einsetzt und seine Möglichkeiten voll ausschöpft.

Die gründliche Vorbereitung ist dabei schon der halbe Weg. Doch die meisten Menschen wissen gar nicht genau, was sie wollen. Wer aber kein Ziel hat, kann es auch nicht erreichen.

Wenn wir einen Kuchen backen, brauchen wir drei Dinge: Feuer, eine Form und die Substanz = Zutaten. Auch für den Erfolg brauchen wir diese drei Dinge. Das Feuer der Motivation, die klare Form des Zieles und als Substanz die schöpferische Ursache. Doch ist es nicht nur wichtig, sich dessen bewußt zu sein, man muß es auch *tun,* denn erst das Tun verändert die Welt, und es ist wirklich unglaublich, was man alles erreichen kann, wenn man sich auf ein Ziel konzentriert.

Es gibt viele Menschen, die bereit sind, alles zu tun, um weiterzukommen – nur arbeiten wollen sie dafür nicht. Nun können wir zwar Gottes Segen für unsere Arbeit erbitten, aber wir sollten nicht verlangen, daß er sie auch noch ausführt. Jeder bekommt nur das, was er verursacht, doch nur der Erfolgreiche gibt es auch zu. Übrigens: Nur in der deutschen Sprache »verdient« man sein Geld. Die Ungarn »suchen« es, die Engländer »ernten« und die Franzosen »gewinnen« es.

Der kürzeste Weg zum Erfolg ist, sich die Erfahrungen und Erkenntnisse erfolgreicher Menschen anzueignen und sie in das eigene

Leben individuell und maßgerecht einzubauen. Denken wir immer daran: Wir sind *verpflichtet,* wohlhabend und glücklich zu sein, denn wir sind hier, um die geistigen Gesetze zu erkennen und zu befolgen, und das macht uns geradezu magnetisch für Erfolg, Gesundheit und Glück. Wir warten auf das Wunder, dabei wartet das Wunder nur auf uns - daß wir es zulassen, indem wir es verursachen. Lassen wir also das Wunder geschehen!

Geld allein macht nicht glücklich. Zu einem erfüllten Leben gehört viel mehr, nämlich alles, was wir zu unserem Wohl benötigen: Gesundheit, Freiheit, gute Freunde, ein glückliches Familienleben und vor allem die Fähigkeit, sich über seinen Erfolg freuen zu können – mit einen Wort: Mit sich und der Welt in Harmonie zu sein. Und genau diesen Wohlstand sollen wir verursachen, und mit der richtigen Einstellung und Vorgehensweise gelingt es uns auch.

Eine der wichtigsten Voraussetzungen für Wohlstand ist positives Denken. Das bedeutet nicht, sich vom Negativen abzuwenden, das Schlechte nicht sehen zu wollen. Das hieße ja nur, sich Sand in die Augen zu streuen. Positives Denken bedeutet, das Gute, Aufbauende und Hilfreiche in dem sogenannten Negativen zu erkennen. Mit anderen Worten: Nichts im Leben kann uns wirklich schaden, weil gerade die schmerzhafte, unangenehme Erfahrung uns helfen will, das Falsche zu erkennen und zu vermeiden, damit wir uns auf diese Weise schneller entwickeln können. Positiv Denken heißt erkennen, daß es das Negative in Wirklichkeit gar nicht gibt, sondern dieses nur die andere Seite der Medaille ist.

Positiv Denken heißt aber auch, nicht über unliebsame Dinge zu reden oder sich darüber zu ärgern, sondern sie zu ändern und zu erkennen, daß die beste Zeit, eine Aufgabe anzupacken und zu lösen dann gekommen ist, wenn sie sich stellt, um danach wieder frei zu sein für eine neue Aufgabe.

Positiv Denken bedeutet aber noch mehr - nämlich negative Gedanken gar nicht mehr erst zuzulassen und die sieben ärgsten Feinde zu meiden:

Angst, Sorge, Hast, Ärger, Zorn, Schuldgefühle und Selbstmitleid. Da sie nicht einfach durch den Entschluß, sie zu vermeiden, wegbleiben, prüfe ich jeden Abend in der Rückschau, wo sich ein solcher Gedanke eingeschlichen hat, und erlebe die Situation im Geiste neu. Das heißt: Ich stelle mir vor, wie ich mich in dieser Situation idealerweise hätte verhalten sollen und sehe vor meinem geistigen Auge die Situation so ablaufen. Damit programmiere ich meinen inneren Erfolgscomputer auf dieses erwünschte Verhalten, und wenn ich das immer wieder tue, wird dieses Verhalten schließlich zur Gewohnheit, wird Teil meiner Persönlichkeit.

Wenn Sie Erfolg haben möchten, müssen Sie auch vorausschauen. Nur Überlegen macht wirklich überlegen. So könnten Sie sich auf die Dinge vorbereiten, bevor sie dringend werden, und lernen, zwischen »Dringend« und »Wichtig« zu unterscheiden.

Zum Erfolg gehört auch, den richtigen Beruf auszuüben. Ihr Beruf sollte Ihre Berufung sein. Ist er das nicht, fassen Sie den Mut, den für Sie idealen Beruf zu suchen. Der erste Schritt hierzu ist, festzulegen, was Sie den ganzen Tag tun möchten, was Ihnen Erfüllung bringen könnte. Der zweite Schritt ist, zu klären, welcher Beruf dieser Tätigkeit am nächsten kommt, und der dritte Schritt, die Voraussetzungen für diesen Beruf zu schaffen, um ihn eines Tages begeistert ausüben zu können, denn nur, was man mit Begeisterung tut, also mit Geist beseelt, wird wirklich gut.

Ein anderes wichtiges Erfolgsgesetz lautet: »Erst kommt das Dienen, dann das Verdienen.« – »Erst kommt die Saat, dann die Ernte.« Also prüfen Sie sorgfältig, wie Sie anderen dienen können, um den Erfolg wirklich zu verdienen.

Weiterhin müssen Sie lernen, mit der Zeit richtig umzugehen. Zeit ist nicht nur Geld – Zeit ist Leben. Die meisten Menschen arbeiten zuviel und zu unrationell und machen sich damit das Leben unnötig schwer. Worauf es ankommt ist, mehr zu leisten und weniger zu arbeiten, denn wir werden nicht für möglichst viel Arbeit bezahlt, sondern für Leistung. Auch den Umgang mit der Zeit kann man lernen, wenn man sich bewußt damit befaßt. Nur der Erfolglose hat keine Zeit.

Achten Sie auch darauf, daß Ihnen niemand die Zeit stiehlt. Wir passen auf, daß uns niemand Geld stiehlt, dabei können wir Geld doch leichter ersetzen, während gestohlene oder vergeudete Zeit ein für allemal verloren ist. Aber Zeit hat nicht nur eine bestimmte Dauer, sondern auch eine ganz bestimmte Qualität. Daher sollten Sie bei der Zeiteinteilung auch darauf achten, Spitzenleistungen in Spitzenzeiten zu legen und diese nicht mit Routinearbeiten zu vergeuden.

Zur rechten Zeiteinteilung gehört weiterhin, seinen Umgang rigoros zu überprüfen. Nicht umsonst heißt es: »Sage mir, mit wem du umgehst, und ich sage dir, wer du bist.«

Wer hemmt und wer fördert mich?

Diese Frage ist sehr wichtig, wenn Sie weiterkommen möchten.

Lassen Sie Pessimisten und Schwätzer los, denn sie kosten nur unnötig Kraft, während Sie Ihre ganze Kraft auf das angestrebte Ziel richten sollten, um es in der kürzest möglichen Zeit zu erreichen – und frei zu sein für einen neuen Erfolg.

Zum Erfolg gehört vor allem auch, die eigene Empfindlichkeit aufzulösen - zu erkennen, daß Lob oder Kritik immer nur die Meinung eines anderen darstellt, und die kann richtig oder falsch sein. Wenn sie richtig ist, dann seien Sie dem anderen dankbar, daß er Sie darauf aufmerksam gemacht hat und Ihnen so Gelegenheit gibt, an sich zu arbeiten, Ihr Bewußtsein zu erweitern und Falsches oder Unerwünschtes loszulassen. Ist seine Meinung falsch, haben Sie erst recht keinen Grund, ihm böse zu sein, denn er hat sich geirrt - und jeder Mensch hat das Recht, sich zu irren.

Lobt er Sie aber, so freuen Sie sich, daß er eine so gute Meinung von Ihnen hat, sind sich aber natürlich bewußt, daß auch dadurch keine neue Wirklichkeit geschaffen wird. Auch Lob ist nur die Meinung eines anderen über Sie, die Sie gelassen hinnehmen.

Ob daher jemand Lob oder Kritik äußert – Sie verhalten sich gleich gelassen, prüfen nur, ob und welche Konsequenzen Sie daraus ziehen wollen, setzen es um und lassen die Situation wieder los. Schließlich wissen Sie, daß es niemand allen recht machen kann, und wer jedermanns Liebling sein möchte, der wird sich bald die Sympathie aller verscherzen. Wenn Sie überhaupt Anerkennung brauchen, dann von sich selbst, denn die Anerkennung von außen ist viel weniger wichtig als die Anerkennung von innen. Also verhalten Sie sich stets so, daß Sie Achtung vor sich selbst haben können und sich in sich wohl fühlen. Sie erwarten nicht mehr, daß alle Menschen Sie mögen, aber Sie selbst nehmen jeden so an, wie er ist.

Schön wäre es, wenn sich das alles so leicht in die Praxis umsetzen ließe, wie es sich liest.

Zum Erfolg gehört auch, NEIN sagen zu lernen. Überlastung ist der größte Feind der Effektivität. Schließlich hat der andere Sie gefragt, und Sie haben das Recht, JA oder NEIN zu sagen. Auch zu sich selbst müssen Sie NEIN sagen lernen, zum Beispiel, wenn Sie etwas tun möchten, was Sie nicht tun sollten, oder wenn Sie etwas kaufen wollen, was Sie nicht wirklich brauchen. Eine der sichersten

Einnahmen ist die, Ausgaben zu streichen, denn jeder von uns hat Dinge zu Hause, die er einst gekauft, aber nie verwendet hat.

Also lernen Sie NEIN zu sagen, auch gegenüber einer Autorität oder einer unerwünschten Rolle, in die man Sie zu drängen versucht, aber auch gegenüber den eigenen Wünschen, wenn sie Sie von Ihrem Ziel abbringen. Bei allem, was Sie tun, sollten Sie sich fragen, ob Sie das Ihrem Ziel näherbringt. Sehr oft werden Sie dann verwundert feststellen, daß Sie einen Teil Ihrer Kraft und Zeit bisher für Tätigkeiten eingesetzt haben, die Sie von Ihrem Ziel entfernten. Sie sollten daher lernen, NEIN zu sagen, denn NEIN sagen bedeutet ja in Wirklichkeit, JA zu sagen zur eigenen Identität, und so wird das NEIN auf der einen Seite zum JA auf der anderen.

Wenn Sie erkannt haben, was Sie wirklich wollen, sollten Sie auch den Mut haben, dafür einzustehen. Den Mut, die Wahrheit zu *er*kennen und den Mut, sie zu *be*kennen. Den Mut, etwas zu beginnen und notfalls auch wieder zu verlieren. Den Mut, sich zu binden und sich notfalls wieder zu trennen. »Wer nicht wagt, der nicht gewinnt.«

Zum Mut gehört auch Ausdauer. Erst wenn Sie sich nicht beirren lassen und beharrlich Ihrem Ziel zustreben, dabei mit beiden Beinen auf der Erde bleiben, wird Ihr positives Denken die entsprechenden Früchte tragen. Und wenn Sie diese Eigenschaften noch nicht ausreichend haben, können Sie sich diese durch gezieltes, bejahendes Denken aneignen.

Wenn Sie ohne Selbstmitleid positiv, mutig und beharrlich ans Werk gehen, erreichen Sie alles, was Sie wollen. Doch es genügt nicht, nur *einmal* Mut zu haben, denn kaum ist ein Problem gelöst, zeigt sich ein neues. Es geht also darum, durchzuhalten. Echtes positives Denken kann durch nichts erschüttert werden. Nicht das Anfangen wird belohnt, sondern immer nur das Durchhalten, und jeder falsche Gedanke kann als Auslöser genutzt werden, um ganz bewußt die richtigen Gedanken ins Bewußtsein zu nehmen und sie dort festzuhalten.

.

Unterschätzen Sie auch nicht Ihre Fähigkeiten. Ob Sie etwas nicht können, wissen Sie erst, wenn Sie es versucht haben. Dabei sind Mißerfolge immer nur Zwischenstationen auf dem Weg zum endgültigen Erfolg, denn der Erfolgreiche beginnt da, wo der Erfolglose aufhört. Bis zum endgültigen Erfolg sind Erfolg und Niederlagen »gleichgültig«, und so bleiben Sie stets Gewinner. Beim Erfolg gewinnen Sie an Selbstbestätigung, und bei der Niederlage gewinnen Sie neue Erfahrungen. Verlieren können Sie nur, wenn Sie nichts tun.

Wer etwas erreichen will, muß Rückschläge und Mißerfolge in Kauf nehmen. Wichtig ist nur, was man daraus macht – ob man aufgibt oder das Hindernis als Sprungbrett zum endgültigen Erfolg nutzt. Auch dazu gehört Mut, aber »wer ein Omelette machen will, muß bereit sein, Eier zu zerschlagen«. Mitunter muß man sogar einen Sprung nach vorn tun, doch auch davor sollte man nicht zurückschrecken, denn einen Abgrund kann man nicht mit einigen kleinen Schritten überqueren.

Dabei sollten Sie immer offen bleiben und bereit sein, aus allem zu lernen, vor allem natürlich aus Fehlern - aber möglichst aus den Fehlern der anderen. *Denn der Kluge lernt aus den eigenen Fehlern, der Weise lernt aus den Fehlern der anderen. Nur der Narr lernt weder aus dem einen noch dem anderen.*

Sie sollten zwar den Ehrgeiz haben, alles perfekt zu machen, aber auch die Vernunft, zu wissen, daß dies nicht immer möglich ist. Es genügt, wenn Sie in jeder Situation Ihr Bestes geben – mehr hätten

Sie ohnehin nicht tun können. Erfolgsmenschen sind frei von Perfektionsstreben.

Lernen Sie auch, Unwichtiges zu vergessen. Werfen Sie weg, was Sie voraussichtlich doch nicht mehr brauchen. Nicht umsonst heißt es: »Die Ablage ist alphabetisch geordneter Abfall.« *Sie* sind wichtig. Bewerten Sie daher die Dinge danach, ob sie Ihnen *dienen* oder Sie *behindern.* Versuchen Sie auch nicht, so gut zu sein wie ein anderer. Konkurrieren Sie nur mit sich selbst. Versuchen Sie bestenfalls, Ihr Ergebnis von gestern heute ein wenig zu übertreffen.

Seien Sie bereit, die Verantwortung für das Ergebnis zu übernehmen. Versuchen Sie, weder etwas zu beschönigen noch es auf andere abzuschieben, sondern stehen Sie für das Ergebnis gerade, wie immer es ausfällt. Vor allem aber verschwenden Sie keine Zeit für Reue. Was geschehen ist, ist geschehen. Lernen Sie daraus, es in Zukunft besser zu machen, und vergessen Sie die Sache. Die Vergangenheit ist vorbei und kommt nie mehr wieder, wenn Sie sie endlich loslassen!

Erfolg ist also vor allem von der richtigen Geisteshaltung abhängig. Wirklich glücklich ist, wer nicht nur Erfolg hat, sondern selbst zum Erfolg wird, wer gelernt hat, aus *jeder* Situation das Beste zu machen. Dazu gehört allerdings schon, daß man es in der Kunst des Lebens zu einer gewissen Meisterschaft gebracht hat. Wer nicht an sich selbst glaubt, der kann auch nicht erwarten, daß andere an ihn glauben. Nur wer von sich überzeugt ist, der überzeugt auch andere, und nur wer selbst begeistert ist, wird auch andere begeistern.

Wenn man, wie ich, beruflich viel mit Menschen zu tun hat, dann ist man immer wieder erstaunt, wie wenige ihr Leben bewußt gestalten. Die meisten wissen nicht einmal, was sie wollen, und die wenigen, die es wissen, sehen in der Regel nicht die Möglichkeit, ihre Wünsche zu erfüllen. Dabei ist es ganz einfach. Man muß wissen, was man will, und es dann tun.

Überfluß ist ein natürliches Gesetz des Universums. Wohin Sie schauen, ist die Natur geradezu verschwenderisch großzügig. Und doch ist es ebenso offensichtlich, daß es vielen Menschen nicht gelingt, an dieser Fülle teilzuhaben, weil sie nicht wissen, daß sie selbst die Ursache für Erfolg oder Mißerfolg in sich tragen, denn jeder bekommt im Leben das, was er verursacht - nicht mehr, aber auch nicht weniger.

Wenn Sie also mehr Erfolg haben wollen, ganz gleich auf welcher Ebene des Seins, dann müssen *Sie* ihn verursachen. Solange *Sie* ihn nicht verursachen, kann er nicht in Erscheinung treten. So einfach ist das. Doch Sie brauchen sich nur draußen umzuschauen - die meisten Menschen haben dieses Geheimnis noch nicht entdeckt.

Es gibt also weder unverdientes Glück noch unverdientes Leid. Es gibt nur Ursache und Wirkung. Und Ungerechtigkeit auch nicht, selbst wenn es so aussieht. Jeder schafft sich sein Schicksal selbst. Natürlich nicht bewußt, niemand käme auf die Idee und würde sagen: »Ach, ich war jetzt schon ewig nicht mehr krank. Welche Krankheit könnte ich mir denn jetzt mal zulegen? Was hatten wir denn noch nicht? Nehmen wir doch einmal eine Lungenentzündung.« Das würde niemand tun. Ganz davon abgesehen, daß es so nicht funktioniert. Machen Sie sich doch einmal eine Lungenentzündung. Sie können es gar nicht. Aber unbewußt setzen wir die Ursachen für eine Zukunft, die wir so nicht gewollt haben. Und genau damit sollte ab sofort Schluß sein.

Die meisten Menschen können ihre Wünsche nicht verwirklichen, weil sie ihr Denken nicht beherrschen, weil sie nicht Meister ihrer Gedanken sind. Sie denken hin und her und zerstreuen so dieses schöpferische Potential, ihre schöpferische Urkraft, anstatt sie konzentriert auf ein bestimmtes Ziel zu lenken. Sie wollen Geschenke vom Leben haben und haben vergessen, daß sie nur ernten können, was sie säen.

Aber es ist ihre Wahl, was sie säen wollen. Ernten allerdings müssen sie, was sie gesät haben. Das heißt, die meisten Menschen erfahren ihre Zukunft erst, wenn sie als Gegenwart in Erscheinung tritt. Dann erst erkennen sie, was sie in der Vergangenheit verursacht haben. Zu spät! Dann ist es bereits als Ereignis in Erscheinung getreten.

Wir sollten rechtzeitig säen und uns bewußt sein, daß wir in jedem Augenblick die Wahl haben. Sie können in Ihrem Leben Fehler gemacht haben, soviel Sie wollen. Das spielt keine Rolle. Sie haben in jedem Augenblick aufs Neue die Wahl, Ihr Leben zu ändern. Wenn Sie sich dessen bewußt sind, dann sollten Sie auch wissen: Alles, was Sie denken und glauben können, ist möglich. Glauben heißt also: Sie müssen es sich wert sein, daß das Leben Ihnen soviel gibt. Sie können alles haben.

Mir hat mal jemand gesagt: »Die meisten sind zufrieden, wenn sie alles bekommen. Wir verlangen mehr!«

Die Vorbereitungsphase

Wir haben bisher also gelernt: Alles im Leben ist erreichbar - wenn Sie die richtige Vorgehensweise wählen. Und die wollen wir nun Schritt für Schritt erarbeiten.

Sie kennen sicher alle die Geschichte vom Geist in der Flasche. Und auch wir haben den Geist, die schöpferische Urkraft, eingesperrt in die Flasche der Begrenzungen unserer Vorstellungen und Meinungen. Die schöpferische Urkraft an sich aber ist grenzenlos. Und in dem Augenblick, in dem wir sie freilassen, kann sie alles verwirklichen, alles, dem wir eine Form geben können. Das heißt, diese Urkraft ist formlos und fließt in jede Form, die wir ihr geben. Das tun wir durch unser Denken. Unser Denken schafft die Begrenzung.

Sobald Ihr Denken alle Ketten gesprengt hat, ist alles möglich. Also sollten Sie Ihrer Phantasie Flügel verleihen, sollten wieder lernen, zu träumen, wie Leben idealerweise sein könnte, und dann diesen Traum verwirklichen.

Aber wo lernt man schon, erfolgreich und glücklich zu werden? In der Schule, an der Universität oder in der Berufsausbildung? Sicher haben Sie dort viele Kenntnisse erworben, vielleicht auch Fähigkeiten entwickelt, Ausbildungen durchlaufen, Prüfungen bestanden. Aber haben Sie auch gelernt, wie man Freunde gewinnt oder eine Persönlichkeit wird? Wie man Erfolg hat und das Leben genießt?

Aber zwischen den Lehrinhalten, die Schule, Universität oder Lehre vermitteln, und dem, was das Leben wirklich ausmacht, liegen Welten. Persönlichkeitsentfaltung, Selbstverwirklichung oder Glück sind keine Lehrfächer unserer auf reine Wissensvermittlung getrimmten Lehranstalten.

Das alles lernt man erst später, in der Schule des Lebens. Und selbst dort muß man das Ziel »Erfolg« bewußt wählen - wie Sie es getan haben, durch die Entscheidung, dieses Buch zu erwerben und etwas für Ihren Erfolg zu tun. Mit anderen Worten: all das zu verwirklichen, was Sie sich denken können.

Eine wichtige Voraussetzung ist, zu erkennen: *Das Leben kann Ihnen alles bieten - in Hülle und Fülle.* Begrenzen tun Sie es durch Ihre Gedanken. Wenn Sie diese Schranken einreißen, sind Sie frei, Ihr Leben neu zu gestalten. Aber wenn Sie dann versuchen, diesen Freiraum mit der Vorstellung Ihres Ideals auszufüllen, werden Sie merken: Sie kennen es gar nicht. Sie haben verlernt, zu träumen.

Wenn ich Menschen nach ihrem Wunschtraum frage, müssen sie erst einmal nachdenken und sagen dann oft: »Also, wenn Sie mich so fragen, was sollte man sich denn wünschen?« Ist das nicht völliger Un-Sinn? Sie fragen einen anderen, was *Sie* sich wünschen sollen? Die Menschen haben verlernt, zu träumen - und erst recht, ihre Träume zu erfüllen.

Sie müssen zunächst einmal einen Traum haben, eine Vision, die sie mit Leben erfüllen, um diese dann Wirklichkeit werden zu lassen. Dann kann das Glück wieder einkehren.

Aber, was ist Glück überhaupt?

Glück ist das Zusammentreffen von guter Vorbereitung und günstiger Gelegenheit. Und der kürzeste Weg zum Erfolg ist, sich die Erfahrungen und die Erkenntnisse erfolgreicher Menschen anzueignen und sie auf das eigene Leben zurechtzuschneiden. Dabei ist es wichtig, daß Sie nichts so übernehmen, wie es gesagt oder irgendwo gelebt oder gezeigt wird, sondern daß *Sie* es in *Ihr* Leben einbauen, daß *Sie* es verändern, daß *Sie* es passend machen für *Ihr* Leben.

Immer wieder wird mir bewußt: Es gibt unzählige vom Schicksal begünstigte Menschen, die alle Voraussetzungen, Begabungen und Möglichkeiten für ein erfolgreiches und erfülltes Leben mitbringen, aber sie verplempern ihre Zeit mit Firlefanz. Andere hingegen haben nur einen Bruchteil der Talente und Erfolgsmöglichkeiten, nutzen sie aber konsequent und werden Meister ihres Fachs.

Es ist also nicht entscheidend, unter welchen Umständen Sie derzeit leben, denn Sie können die Umstände ändern. Sie können die Umstände schaffen, die Sie brauchen.

Immer wieder kommen Leute zu mir und sagen: »Herr Tepperwein, ich habe ein Problem. Ich habe sorgfältig alle Möglichkeiten geprüft. Ich weiß ja, was Sie sagen werden, aber ich komme immer wieder zu dem Schluß: Unter den gegebenen *Umständen* gibt es einfach keine Lösung.« Dann sage ich ihnen: »Sie haben gerade die Lösung gesagt. Sie haben sie perfekt auf den Punkt gebracht.« »Nein«, sagen sie, »ich sagte doch gerade, unter den gegebenen *Umständen* gibt es keine Lösung.« Und ich antworte dann: »Sie betonen es falsch. Sie müssen es anders betonen: Unter den *gegebenen* Umständen gibt es keine Lösung. Es sind die falschen Umstände *gegeben*. Also müssen *Sie* die Umstände ändern. Denken Sie zunächst einmal: Unter welchen Umständen gäbe es denn eine Lösung? Was wären die idealen Umstände für eine Lösung, und wie schaffe ich diese Umstände? Das ist alles. Schaffen Sie die Umstände, die Sie brauchen, und dann ist die Lösung ganz einfach.«

Wir müssen lernen, mit unseren Möglichkeiten optimaler umzugehen. Machen Sie sich bewußt, G. B. Shaw war in der Schule schlecht in Rechtschreibung und Albert Einstein wurde wegen geistiger Trägheit gar von der Schule verwiesen. Dale Carnegie kam aus so ärmlichen Verhältnissen, daß er nicht einmal die nötige Schulkleidung hatte, und wurde dennoch einer der bekanntesten Erfolgsautoren und Lebenslehrer.

Das erinnert mich an eine kleine Geschichte:

In einer Kleinstadt hatte sich der Schulrat in der Grundschule angesagt, blieb aber unterwegs liegen, weil sein Auto streikte. Während er noch ziemlich ratlos vor seinem Auto stand, kam ein Schuljunge vorbei, sah den hilflosen Mann und fragte, ob er helfen könne. In seiner Not meinte der Schulrat: »Verstehst du denn etwas von Autos?« »Na ja,« sagte der Junge, »ich kann es ja mal versuchen.« Er ließ sich Werkzeug geben, hantierte eine Weile herum, bat, den Wagen zu starten, und er sprang an. Der Schulrat bedankte sich bei dem Jungen, wollte nun aber doch wissen, warum er zu dieser Zeit nicht in der Schule sei. Der Junge meinte: »Heute kommt der Schulrat zu uns. Da ich der Dümmste in der Klasse bin, hat der Lehrer gesagt, ich solle besser zu Hause bleiben.«

Es ist nicht überliefert, was aus dem Jungen geworden ist. Wir können aber davon ausgehen, daß er seinen Weg gemacht hat - weil er verstand, seine Fähigkeiten einzusetzen.

So, und jetzt sind wir bei einer Aufgabe. Wo unsere Gaben liegen, da liegen auch unsere Aufgaben. Sie sollten sich jetzt einmal eine Liste machen: Was sind meine Gaben? Jeder hat irgendwelche Gaben, besondere Fähigkeiten. Diese sollte man sich bewußt machen, bevor man sie dringend braucht.

Ich habe einmal in einem Seminar folgende Testfrage gestellt: Wieviele Tiere jeder Art nahm Moses mit in seine Arche?
Eine der Antworten lautete:
Zwei.
Reingefallen!
Moses überhaupt nicht.

Fallen Sie nicht auf das Offensichtliche herein, bleiben Sie im Bewußtsein. Sie werden in viele Sackgassen geführt werden, damit Sie Ihr Bewußtsein nicht auf die Matte schicken - und Ihren Verstand auch nicht!

Gewisse Schranken in unserem Denken sollten wir auch beseitigen. Wir haben immer so unbewußte Mythen, an die wir glauben. Zum Beispiel: *Harte Arbeit ist die Ursache für Reichtum.* Das ist natürlich absoluter Unsinn. Es gibt Millionen von Menschen, die hart arbeiten und nie reich werden.

Ich habe diese Lektion sehr früh als junger Mann gelernt. Als ich im Außendienst war, hatte ich etwas im Büro vergessen und kam um zehn Uhr zurück. Das Büro war geschlossen – Zettel dran: »Bin im Café Bianci.« Ich fragte mich: »Was macht der Chef morgens um zehn Uhr während der Arbeitszeit im Café«? Als ich ins Café kam, saß er mit einer Tasse Kaffee da, in Diskussion mit zwei anderen. Er meinte: »Was machst du denn hier?« »Ich habe etwas vergessen, können Sie noch einmal zurückkommen?«, entgegnete ich und fragte dann weiter: »Warum sitzen Sie denn während der Bürozeit im Café?« Da sagte er: »Hör mal, im Büro kann ich nichts mehr verdienen. Ihr seid alle unterwegs. Mit Arbeit ist noch niemand reich geworden. Ich habe heute morgen schon in der ersten halben Stunde zweitausend Mark verdient, hier im Café, nur durch Quatschen.«

Dann ließ ich mir erklären, wieso. Er hatte im Café gehört, daß jemand sein Auto loswerden wollte und kannte einen, der eins brauchte. Er führte zwei Telefongespräche - und jetzt saßen die beiden gerade bei ihm und waren sich inzwischen handelseinig. Als Vermittler hatte er zweitausend Mark kassiert.

Also, wenn jemand von Ihnen noch arbeitet, dann sollte er das schleunigst lassen. Wenn wir etwas lernen wollen, dann ist es das:

Nie mehr zu arbeiten. Denn was ist Arbeit? Arbeit ist etwas, was wir tun, um zu ... oder weil man Geld verdienen muß oder weil man diesen Beruf erlernt hat, muß man ihn ausüben. Also arbeiten Sie nie mehr, tun Sie nur noch das, was Ihnen Freude macht. Und wenn Sie das Arbeit nennen wollen, dann tun Sie es, ich aber würde es Vergnügen nennen, Freude. Sorgen Sie also dafür, daß die Tätigkeit, die Sie ausüben, Ihnen Freude macht, oder ändern Sie sie!

Ich habe mir irgendwann die Frage gestellt: »Was würde ich machen, wenn ich genug Geld verdient hätte, jung genug und gesund wäre, Freude am Leben hätte - was würde ich den ganzen Tag machen?« Und die Antwort: »Am liebsten würde ich mit ein paar Freunden zusammensitzen und über Themen diskutieren, die mich interessieren. Und natürlich mit Freunden, die sich für die gleichen Themen interessieren.« Und eine Weile später: »*Das* ist die Vorlage für meinen Beruf. Also sorge dafür, daß diese Möglichkeit Realität wird.« Dann schuf ich mir diese Möglichkeit. Heute werde ich gut bezahlt für den Spaß, an einem Wochenende mit Freunden über ein interessantes Thema zu diskutieren. Bis mir eines Tages auffiel, daß noch etwas fehlte. Wenn wir in Urlaub fuhren, waren wir irgendwo, an einem fremden Ort mit fremden Menschen. Bestenfalls am Ende des Urlaubs hatte man dann einige näher kennengelernt, mit denen man sich gerne länger unterhalten hätte. Aber dann war der Urlaub vorbei und man ging wieder auseinander. Und Urlaubsbekanntschaften halten ja nicht lange, wie man weiß. Also sagte ich mir: »Die Urlaubssituation ist noch nicht gelöst.« Wieder habe ich nachgedacht, und die Ferienakademien erfunden. Wir sammeln eine Gruppe von Leuten, die an einem bestimmten Thema interessiert sind, und haben von Anfang an fünfzig oder achtzig Freunde, mit denen wir wochenlang diskutieren können. Der Urlaub kostet nicht nur etwas, er bringt auch noch etwas dafür ein, daß man Freude mit seinen Freunden teilt.

Das heißt, auch wenn es sich provokativ anhört: Es gibt in jeder Situation eine ideale Lösung. Deswegen möchte ich Sie immer wieder anregen: Träumen Sie, überschreiten Sie die Grenzen Ihres Verstandes, der gleich mit Argumenten kommt: »Na ja, das funktioniert ja nicht immer.« Es kann so ideal sein, wie *Sie* es sich vorstellen.

Wenn Sie also diesen Mythos streichen, dann machen Sie sich auch bewußt: Geld allein darf für eine Tätigkeit niemals Belohnung genug sein, sonder nur ein angenehmer Nebeneffekt. Der Lohn ist die Freude.

Nun kommt hinzu: Wenn man etwas gern tut, tut man es gut. Wenn man etwas gut tut, wird es meistens gut bezahlt. Sorgen Sie also dafür, daß Sie für Ihre Freude bezahlt werden, und nicht für Arbeit.

Und wenn das, was Sie derzeit tun, von Ihnen als Arbeit empfunden wird, dann sind Sie auf dem falschen Weg. Dann lassen Sie Ihre Phantasie spielen und stellen Sie sich vor: An welchem Platz möchte ich am liebsten sein? Vielleicht hat jemand eine ausgefallene Idee oder eine Idee, die schwierig umzusetzen ist, und sagt: »Ich würde natürlich am liebsten da und da sein; aber das geht nicht, weil ...«

Neulich habe ich im Fernsehen das Portrait eines Müllmannes gesehen. Eine Arbeit, die heutzutage kaum noch jemand verrichten möchte. Aber er hat dabei soviel Freude gehabt, in seinem Team mit den Kollegen. Er wurde zwar nicht fürstlich bezahlt, aber es reichte ihm. Alle seine Vorstellungen, alle seine Erwartungen an das Leben waren erfüllt. Seine Familie war zufrieden, begnügte sich mit dem, was er verdiente, und hatte einen großen Freundeskreis.

Die Tätigkeit, Müll zu beseitigen, ist ja nun wirklich nichts Erstrebenswertes - denken *wir*. *Er* dachte anders: Er tat es mit großer Freude. Und auf die Frage nach dem Leben nach dem Tode antwortete er: »Wenn ich mir eine Reinkarnation vorstelle, möchte ich zu 95 % wieder Müllmann werden.«

Ist das nicht toll?

Können wir nicht von diesem Müllmann viel lernen? Er hat einen Bereich gefunden, der uns wenig erstrebenswert erscheint, und dabei etwas entdeckt, was wir in unserem Bereich vielleicht noch nicht oder nicht in dem Maße gefunden haben - Erfüllung.
Und Menschlichkeit.

Und das ist es, was ich Ihnen in diesem Buch vermitteln möchte - Erfolg allein ist zu wenig. Erfolg wird erst zu einem Erfolg, wenn er zur Erfüllung führt. Wir müssen also Erfolg in Erfüllung umwandeln.

Und die *Moral von der Geschicht'*: Geld kann nie Belohnung genug für eine Tätigkeit sein. Und die Folge: Wir tun nie mehr etwas für Geld. Also prüfen Sie sich ganz streng:

– Wo tue ich noch etwas für Geld?
– Wie könnte ich das durch Freude ersetzen?

Also: Ab sofort tun wir noch etwas aus Freude. Aber sorgen Sie dafür, daß Sie für die Freude gut bezahlt werden.

Ein anderer beliebter Mythos besagt: *Der richtige Beruf ist der Schlüssel zum Erfolg.*
Das wird häufig von Berufsberatern und Lebensberatern verkündet, stimmt aber in meinen Augen nicht.
Wenn Sie nicht »stimmen«, nicht mit sich im Reinen sind, können Sie den tollsten Beruf haben - und werden nie erfolgreich sein. Und wenn Sie an dem Platz, an dem Sie stehen – wie wir eben an dem Beispiel des Müllmannes gesehen haben - stimmen, dann werden Sie dort erfolgreich sein und Erfüllung finden.

26

Der richtige Beruf ist natürlich der, der Ihre Berufung ist. Und die sollten Sie herausfinden.

Ein anderer Mythos ist: *Eine gute Ausbildung sichert den Erfolg.* Zu Zeiten der Arbeitslosigkeit gibt es Zehntausende von Akademikern, die eine gute Ausbildung haben und trotzdem arbeitslos sind. Die Ausbildung allein kann es also nicht sein. Und wenn es so wäre, dann müßten Lehrer und Universitätsprofessoren zu den reichsten Menschen der Welt gehören, denn sie haben die beste Ausbildung. Nun, wir wissen alle, daß dem nicht so ist.

Also sollten wir diese Mythen streichen.

Natürlich waren das nur einige Beispiele. Finden Sie Ihre eigenen Mythen. Sie haben alle solche unbewußten Vorstellungen, die falsch sind. Wir haben sie immer wieder im Laufe unseres Lebens gehört - im Elternhaus, in der Schule, in der Ausbildung - und irgendwann angenommen, weil alle so denken. Dadurch werden sie aber nicht richtiger. Streichen Sie also alle derartigen Grundsätze und ersetzen Sie sie durch Erkenntnisse, die Ihrem heutigen Stand entsprechen. Zum Beispiel: *Erfolg ist ein Produkt, das man herstellen kann.* Die dafür notwendigen Rohstoffe haben Sie bereits, und wenn nicht, können Sie sie ohne Schwierigkeiten beschaffen.

Langjährige Untersuchungen haben gezeigt, daß Erfolg nur zu zehn Prozent von den Fähigkeiten abhängt, eine befriedigende Arbeitsleistung zu erbringen, aber zu neunzig Prozent von persönlichen Erfolgsmerkmalen, also von bestimmten Verhaltensweisen, von Eigenschaften, die man sich aneignen kann. Dazu muß man aber in die Tiefe gehen. Wir müssen die Dinge hinterfragen. Wir müssen die Wirklichkeit hinter dem Schein erkennen.

Adenauer hat einmal gesagt: »Solange man an der Oberfläche bleibt, sind die Dinge alles andere als einfach. Sobald man aber in die Tiefe geht, sind die Dinge immer ganz einfach. Ob das aber immer auch angenehm ist, das ist eine andere Frage.«

Wenn wir uns mit der Wirklichkeit befassen wollen, dann müssen wir dahinterschauen, dann müssen wir alles hinterfragen. Deshalb habe ich auch die Frage nach Moses und seiner Arche gestellt, damit wir nicht immer auf die Schiene gehen, auf die uns der andere mit seiner Frage lenkt, sondern den Überblick behalten, einen Schritt zurücktreten und die Dinge im Zusammenhang anschauen. Dann wissen wir natürlich, daß Noah gemeint war.

Es gibt Menschen, die beruflich Profis sind. Sie machen ihre Sache perfekt oder, besser gesagt, effektiv, denn Perfektionisten sind gar nicht so sonderlich erfolgreich. Perfektion ist ein Ideal und kein konkretes Ziel. Danach sollten wir nicht trachten. Viele Menschen sind beruflich also Profis, privat aber Amateure. Die Ehe ist kaputt. Familienleben findet nicht statt oder ist eine Katastrophe. Die Kinder versuchen, so schnell wie möglich aus dem Hause zu kommen. Das kann man nicht Erfolg nennen, das wäre zu wenig und vor allem einseitig.

Die Natur ist in jeder Hinsicht verschwenderisch. So haben auch Sie ein natürliches Recht auf Reichtum. In der Schule haben wir im Physikunterricht gelernt: *Nichts kommt von nichts.* Sie aber können tatsächlich etwas aus dem Nichts erschaffen. Sie können die Naturgesetze auf den Kopf stellen, indem Sie eine Idee haben und diese Idee, diesen Gedanken, in eine konkrete Form bringen. Etwas, was vorher nicht da war, haben Sie geschaffen. So können Sie erschaffen, was immer Sie wollen, und Sie können es in jedem Augenblick.
Machen Sie sich bewußt: Dieser Tag ist Ihr Tag. Und in jedem Augenblick kann für Sie die zündende Idee kommen. Ganz gleich, was

wir in diesem Buch ansprechen, alles ist geeignet, in Ihnen das Feuer der Erkenntnis, der Begeisterung zu entzünden. Seien Sie also offen und bereit und lassen Sie zu, daß die Idee, die Sie im Kopf hatten, als Sie mit der Lektüre dieses Buches begannen, in Ihnen Gestalt annimmt.

Machen Sie sich bewußt: Sie werden diesen Weg kein zweites Mal gehen können. Gehen Sie ihn daher als Gewinner. Das Leben ist zu wichtig, als daß man es dem Zufall überlassen sollte. Nehmen Sie also Ihr Leben in die Hand!

Schon als junger Mann faszinierten mich die Erfolgreichen, und ich habe immer wieder versucht, ihrem Geheimnis auf die Spur zu kommen. Die erste verblüffende Entdeckung, die ich damals machte, war die: Die Erfolgreichen hatten keineswegs weniger Mißerfolge als die Erfolglosen, eher mehr, denn die Erfolglosen gaben normalerweise beim ersten, spätestens beim zweiten Mißerfolg auf. Sie hatten also in jeder Sache bestenfalls einen Mißerfolg. Nehmen wir als Beispiel einen der erfolgreichsten Erfinder, Alva Edison. Als er versuchte, die Glühbirne zu entdecken, hatte er mit seinem Team zwei Jahre daran gearbeitet, und 1.263 Versuche hatten nicht zum Erfolg geführt. Da wollten die letzten der Getreuen aufgeben: »Wir haben 1.263 Mißerfolge gehabt. Worauf warten Sie noch?« Alva Edison gab ihnen eine Antwort, die auch Ihnen zu denken geben sollte: »Was haben wir erreicht? Wir haben 1.263 Mal festgestellt, so geht es nicht. Jetzt bleiben ja nicht mehr viele Möglichkeiten übrig. Und so kurz vor dem Ziel wollt ihr aufgeben?« *So* hatten die anderen das nicht gesehen und ließen sich noch einmal von seinem Feuer der Begeisterung entzünden. Vier Tage nach diesem historischen Gespräch, und nach vier weiteren Versuchen, war es geschafft. Die Welt wurde erleuchtet, wenigstens im Außen.

Vielleicht sind Sie ja ein Alva Edison des Bewußtseins, der die innere Erleuchtung um einen solchen Quantensprung vorwärtsbewegt.

Lassen Sie sich also nicht mehr von Mißerfolgen täuschen, sondern schauen Sie hinter die Fassade. Jeder Mißerfolg ist eine Botschaft. Bei jedem Mißerfolg will Ihnen das Leben sagen: »Du, so geht es nicht. Du mußt in eine andere Richtung schauen. Du mußt es anders machen.« Das Leben will Sie mit jedem Mißerfolg zum Erfolg führen. So hat es Alva Edison gesehen und erfolgreich praktiziert.

Wenn Sie es so betrachten, werden Sie begreifen, daß jeder scheinbare Mißerfolg zum wichtigen Lehrer auf dem Weg zum Erfolg werden kann.

Jetzt fragen Sie sich vielleicht: Woher weiß ich, wenn ich Mißerfolge habe, daß das vielleicht nicht meine Berufung ist? Und Sie können sich weiter fragen: Wie sehr will ich das wirklich? Aber das Leben kann auch sagen: »Nein, das ist nicht deine Berufung.«

Und jetzt sagen Sie die Antwort. Sie ist so offensichtlich. »Woher weiß ich, wenn ich Mißerfolge habe, daß das vielleicht nicht meine Berufung ist?« Ganz einfach! Die Freude ist mein Führer. Wenn ich in der Freude bin, bin ich in der Berufung. Wenn ich nicht in der Freude bin, dann machen mich die Mißerfolge aufmerksam: »Warum tust du das? Es macht dir ja gar keine Freude.«

Lassen Sie sich also in Ihrem Leben von der Freude führen. Wir können es ganz hart und ganz konsequent ausdrücken: In jedem Augenblick Ihres Lebens, in dem Sie sich nicht freuen, machen Sie etwas falsch. Also, wann immer Sie aufmerksam werden, daß Ihnen ein Augenblick keine Freude macht, nehmen Sie diesen Augenblick, halten ihn im Bewußtsein fest und fragen sich: »Warum macht mir dieser Augenblick keine Freude? Was müßte in diesem Augenblick geschehen, damit er mir Freude machen würde? Und was muß ich tun, damit das geschieht, was mir Freude macht?«

Und schon hat Sie wieder der Mangel an Freude zur Freude und damit zum Erfolg geführt. Halten wir also fest: Jeder Mißerfolg, jeder Mangel ist eine Botschaft, eine Botschaft des Lebens an Sie, etwas zu ändern. Lassen Sie sich von der Freude führen!

Vielleicht haben Sie eine konkrete Situation, die Sie als Beispiel nennen können: »Wenn ich in der und der Situation bin, wie soll ich mich da von der Freude führen lassen?«

Sehen Sie in dieser Situation keine Möglichkeit, sich zu freuen?

Aber auch, wenn der Beruf unsere Berufung ist, gibt es manchmal Tiefpunkte, Reklamationen, also Momente, in denen die Freude fehlt.

Das muß aber nicht sein. Sie sagen also: »Da kommt eine Reklamation.« Und Sie sagen es so, als sei das, natürlich, keine Freude.

Das Gegenteil ist der Fall: Sie bekommen gerade eine wichtige Botschaft. Eine Reklamation ist ein Mißerfolg. Ein Kunde ist mit Ihrem Produkt nicht zufrieden. Sie begegnen gerade einem ganz wichtigen Lehrer, der Ihnen sagen möchte, wie Sie erfolgreicher werden. Kostenlos, er verlangt nicht einmal dafür etwas. Er bringt Ihnen die Reklamation ins Haus.

Wir Menschen möchten meistens nur Lob und Beifall haben. Reklamationen, Kritik, Störungen - das mögen wir nicht. Wir wollen Erfolg. Den können wir ja haben; aber dazu müssen wir aus Mißerfolgen lernen. Dann müssen wir diese Reklamation wirklich als Lehrer anerkennen, ihr auf den Grund gehen, um durch die Reklamation dem Erfolg wieder einen Schritt näherzukommen. Und wenn uns

Lernen Freude macht, dann können wir aus einer Reklamation selbstverständlich mehr lernen, als wenn jemand zu uns kommt und sagt: »Einsame Spitze, was Sie da produzieren. Ich bin so glücklich damit. Ich finde es phantastisch, das Beste, was überhaupt auf dem Markt ist. Ich hätte nie gedacht, daß es so etwas Gutes überhaupt gibt.« Was können Sie daraus lernen? Nichts. Sie können sich einen Moment freuen: »Aha, eine Bestätigung vom Leben, offenbar bin ich auf dem richtigen Weg.«

Lernen können Sie aus der Reklamation, aus dem Mißerfolg, aus der Schwierigkeit.

Das sollten wir uns immer wieder bewußt machen.

Und noch etwas habe ich im Laufe meines Lebens gelernt, was mich verblüfft hat, und ich muß gestehen, ich habe es erst spät gelernt: *Jeder hat immer in jedem einzelnen Fall Erfolg.*

Wahrscheinlich stutzen Sie jetzt. Ich habe es auch lange nicht begriffen. Dieser Satz bedeutet: Ganz gleich, was Sie tun, es erfolgt immer etwas. Und es erfolgt natürlich genau das, was Sie verursachen. Also, ganz gleich, was Sie tun, Sie haben in Ihrem Leben immer hundert Prozent Erfolg. Es ist vielleicht nicht immer das erfolgt, was Sie gern gehabt hätten. Wenn dem so ist, haben Sie das Falsche verursacht. Das ist etwas anderes; aber es ist immer hundertprozentig das erfolgt, was Sie verursacht haben.

Nehmen wir ein Beispiel: Sie sind ein bißchen übermütig und kommen mit einem Freund auf die Idee, herauszufinden, wer einen Stein am weitesten wirft. Ein kleiner Wettbewerb. Jeder wirft einen Stein. Und der Stein fliegt. Nun gibt es drei Möglichkeiten: Entweder Sie werfen am weitesten, dann können Sie sich freuen und sind Sieger. Oder der andere wirft am weitesten, das heißt, er hat gewonnen. Sie können Ihre Leistung als Mißerfolg werten. Oder, als dritte Möglichkeit, der Stein fliegt in Nachbars Scheibe. Dann können Sie das auch als Mißerfolg werten. Aber in jedem Fall ist das Ergebnis die Folge dessen, was Sie getan haben.

Sie glauben gar nicht, wie wichtig die Erkenntnis für mich war: *Es erfolgt immer das, was ich tue.* Und ich habe immer Erfolg. Der Erfolg stimmt nur nicht immer mit meiner Absicht überein. Ich muß also nur noch das, was ich verursache, mit meiner Absicht in Übereinstimmung bringen, dann bin ich immer und in jedem Fall erfolgreich.

Das war für mich der Schlüssel zum Erfolg – zu wissen, ich bin *immer* erfolgreich. Ich nenne es nur nicht so, weil es mit meiner Absicht nicht übereinstimmt. Also müssen wir dafür sorgen, daß das, was wir verursachen, und unsere Absicht übereinstimmen. Dann erfolgt das, was in unserer Absicht lag. Dann können wir es erfolgreich nennen.

Und wenn es gleich beim ersten Mal nicht gelingt, dann haben wir die Möglichkeit der Wiederholung. Dann bekommen wir die Botschaft vom Leben: »Das war noch nicht der optimale Weg. Du mußt es besser machen.« Manchmal allerdings darf kein Fehler passieren.

Ich denke zum Beispiel an den Mann, der zum Arzt kommt und sagt: »Herr Doktor, können Sie mich schnell mal sterilisieren? Ich habe es eilig.« Der Arzt antwortet: »Das ist eine wichtige Entscheidung. Haben Sie es auch gründlich durchdacht?« Daraufhin sagt der Mann: »Keine langen Diskussionen. Können Sie mich jetzt sterilisieren? Ja oder nein?« »Klar,« sagt der Arzt, »wenn Sie sich entschieden haben, bitte«. Er sterilisiert ihn. Der Mann kommt aus der Praxis. Der Freund hat gewartet und fragt: »Mensch, das hat lange gedauert. Bist du denn jetzt geimpft?« »Ach,« sagt der andere, »das war das Wort, was mir eben nicht eingefallen ist.«

Ein Witz? Ja, aber ein trauriger. Ich nehme ihn gerne als Beispiel: Manchmal treffen wir eine Entscheidung, die sich nicht rückgängig machen läßt. Es gibt Situationen, da darf kein Mißerfolg passieren.

Und den verhindern wir, indem wir uns den Erfolg in Gedanken immer wieder vorstellen, mit allen Gefühlen, die wir damit verbinden - Freude, Befriedigung und Glück.

So können Sie sich auf eine Prüfung vorbereiten, auf ein schwieriges Gespräch, einen Gerichtstermin, auf eine Verhandlung mit dem Finanzamt oder einem unfreundlichen Nachbarn. Es ist ganz gleich, worauf Sie sich vorbereiten. Sie können es vorher einhundert Mal in Gedanken durchspielen, alle Gegenargumente berücksichtigen, können ganz in die Haut des anderen hineinschlüpfen, die Schwachstellen Ihrer Argumentation überprüfen, bis Sie absolut sicher sind. Dann gehen Sie sicher und gut vorbereitet in diese Situation.

Sie sehen also, es gibt keine Fehlleistungen. Es erfolgt immer das, was Sie verursachen. Es gibt natürlich auch keinen Zufall. Worauf es also ankommt ist, durch zielgerechtes Verhalten die richtigen, sprich erwünschten Ursachen zu setzen, damit die erwünschten Wirkungen hervorgerufen werden. So einfach ist das!

Und wir müssen aufpassen, daß wir nicht weitere Mißerfolgsmechanismen schaffen beziehungsweise daß wir die, die wir geschaffen haben, wieder auflösen. Wenn Sie nämlich die Erfahrung mit Nachbars Scheibe gemacht haben, dann werden Sie beim nächsten Mal aufpassen, daß nicht wieder etwas passiert. Genau das ist der Mißerfolgsmechanismus. Sie haben jetzt innerlich bei Ihren Handlungen auf die Bremse getreten, damit nicht wieder etwas passiert. Sie sorgen also dafür, daß nichts passiert, und dann passiert nichts - kein Mißerfolg, aber auch kein Erfolg.

Diesen Mißerfolg müssen wir auflösen. Das geschieht wieder durch mentales Umerleben. Sie machen sich derartige Mechanismen bewußt und lösen sie auf, indem Sie sie umerleben, das heißt: Sie ziehen im Nacherleben oder Wiedererleben die erwünschten Konsequenzen.

Machen Sie sich bewußt: Ob Sie gesund und erfolgreich sind, oder arm und krank, es kostet Sie die gleiche Kraft, die gleiche Mühe. Sie müssen nämlich beides verursachen, und beides erfolgt dann erfolgreich. Warum also dann nicht lieber gesund und erfolgreich?!

Wenn Sie also im Mangel leben, zeigt das nur, daß Sie etwas falsch machen. Gleichzeitig fordert Sie der Mangel auf, das zu ändern. Er macht es Ihnen gewissermaßen bewußt. Und auch wenn es manche nicht gern hören: Erfolg hat wenig mit Intelligenz und Fleiß zu tun, obwohl beides zeitweise ganz hilfreich sein kann. Aber es gibt genügend intelligente und fleißige Menschen, die es nie im Leben zu etwas bringen - und genügend Menschen, die es ohne Fleiß und Intelligenz zu etwas gebracht haben.

Nehmen wir einmal an, Sie arbeiten täglich acht Stunden und verdienen fünftausend Mark im Monat. Jetzt brauchen Sie zwanzigtausend Mark. Sie können natürlich nicht Ihre Arbeitsleistung vervierfachen, denn dann müßten Sie vierundzwanzig Stunden am Tag arbeiten.

Wie bitte? Ach so – Sie meinen: Vier mal acht Stunden = zweiunddreißig Stunden.

Sind Sie sicher? Schön, dann sind Sie noch einigermaßen wach.

Sie merken, worauf ich hinaus will: Sie sollen nicht nur dieses Buch lesen, sondern gleichzeitig einen Schritt neben sich treten und jede einzelne Information überprüfen: Stimmt das überhaupt? Sie sollen kritisch sein. Sie sollen sehr sorgfältig sein, achtsam, und alles genau hinterfragen. Nicht einfach alles annehmen, was jemand schreibt, nur weil die Quelle respektabel ist.

Auch ein Erleuchteter kann einmal Unsinn reden und ein Narr Ihnen die größten Weisheiten verkünden. Sie müssen in der Achtsamkeit sein und den Wert eines jeden Wortes, einer jeden Information überprüfen.

Wenn Sie also mehr verdienen wollen, dann können Sie Ihre Arbeitszeit nicht beliebig vervielfachen. Sie müssen zwangsläufig die Qualität Ihrer Leistung erhöhen. Sie müssen effektiver werden. Und hüten Sie sich in diesem Zusammenhang vor Perfektionismus. Nie wird irgend etwas jemals absolut perfekt sein. Aber alles, was Sie tun, sollte effektiv sein. Das heißt letztlich, daß Sie in immer weniger Zeit immer mehr und Besseres leisten.

Dazu werden wir etwas kennenlernen, das Sie alle schon einsetzen, aber viel zu wenig achten und schätzen: Ihre Intuition.

Wir alle machen immer wieder Fehler und müssen dann sehr viel Zeit und Geld investieren, um diese Fehler wieder auszumerzen. Stellen Sie sich vor, es gäbe einen Weg, keine Fehler mehr zu machen. Den gibt es - über Ihre Intuition. Sie sollten sie zumindest in wichtigen Dingen nutzen, damit Sie mit Hilfe der Intuition die richtige Entscheidung treffen. Das bedarf keiner langen Analyse, keiner gründlichen Arbeit und keiner Diskussion. Das geschieht von einem Augenblick zum andern.

Wenn Sie im Bewußtsein sind - und mit solchen Fragen versuche ich, Sie in die Achtsamkeit zu bringen - dann erkennen Sie sofort: So ist es, so stimmt es. Und das wollen wir erreichen: Resonanzfähig zu sein und das in unser Leben zu ziehen, was uns entspricht.

Wer in seinem Leben keinen Erfolg hat, braucht sich deswegen noch nicht gleich für einen Pechvogel zu halten. Er macht etwas falsch, und er lebt im Mangel. Und dieses Buch ist eine einzige Aufforderung, erfolgreich zu sein, und somit wohlhabend und glücklich. Erfolg ist also das, was *er-folgt,* wenn wir richtig denken und handeln. Erfolg ist kein Geschenk. Er muß geschaffen werden.

Aber prüfen Sie einmal: Weshalb wollen Sie erfolgreich sein? Haben Sie wirklich Freude am Erfolg? Oder wollen Sie anderen imponieren? Wollen Sie es jemandem *einmal zeigen?* Zum Beispiel Ihrem Vater, der gesagt hat: »Aus dir wird nie etwas Vernünftiges.«

Dann sind Sie in der Kompensation eines Mangels. Dann ist Erfolg gar nicht Ihr Ziel.

Ihre Freude wird dann nur kurzfristig sein: »So, dem habe ich es aber gezeigt.« Wie lange wollen Sie sich daran erfreuen?

Prüfen Sie also die Motivation für Ihren Erfolg. Vielleicht suchen Sie Anerkennung, Aufmerksamkeit, Achtung. Warum tun Sie das?

So viele Menschen möchten gerne anerkannt werden, geachtet, geliebt. Hinterfragen wir auch das: »Warum?«

Es tut gut. Es ist angenehm. Aber nicht lange. Den Mangel tragen Sie in sich. Sie geben sich nicht genug Anerkennung, nicht genug Achtung. Sie lieben sich nicht wirklich. Prüfen Sie ganz konkret: Lieben Sie sich überhaupt? Möchten Sie mit sich verheiratet sein? Ganz ehrlich!

Sie brauchen mir keine Antwort darauf zu geben. Sie sollten es nur für sich ganz allein, aber ehrlich prüfen. Oder wenn Sie Ihr eigener Partner wären: Wie hätten Sie sich denn gern? Was könnte noch besser werden? Wo wären Sie als Partner noch steigerungsfähig?

Dann müssen wir uns natürlich auch bewußtmachen: Was sind unsere Glaubenssätze? Was glauben Sie von sich? Glauben Sie, etwas zu schaffen, oder glauben Sie, es nicht zu schaffen? Sie werden in beiden Fällen recht behalten.

Wenn Sie dieses Buch lesen mit der Einstellung*: So einfach kann das nicht sein, erfolgreich zu werden, sonst wäre es ja jeder.* Dann behalten Sie schon recht. Es wird nicht so einfach sein. Wenn Sie aber erkennen: *Ob ich etwas Angenehmes verursache oder etwas Unangenehmes, es ist der gleiche Aufwand. Aber das eine ist sehr viel angenehmer. Also sollte ich das Angenehme und später das Richtige und am Schluß das einzig Stimmige verursachen.* Der Aufwand ist immer der gleiche, und die Lieferzeit in etwa auch. Nur, daß Ihr

Leben ganz anders aussieht, wenn Sie das verursachen, was Sie wirklich gerne haben möchten.

Vielleicht sagen Sie: »Was mir zum Erfolg fehlt, ist eine Idee. Ich müßte einfach eine zündende Idee haben.« Vielleicht gehen Ihnen alle die Ideen, die Sie schon einmal hatten, zu langsam. Vielleicht kommen Sie auf die Idee, eine Bank zu überfallen. Das geht schneller. Aber Sie brauchen nur eine Zeitung aufzuschlagen, um zu erkennen, daß selbst Experten immer wieder daran scheitern, auch wenn es hin und wieder gelingt. Sie als Laie würden mit an Sicherheit grenzender Wahrscheinlichkeit gefaßt werden. Das bedeutet ein längeres Stipendium auf einer *Staatlichen Hochschule für angewandte Kriminalität* - besser bekannt unter der Bezeichnung Gefängnis. Mit zehn Jahren können Sie rechnen. Zehn Jahre, in denen Sie eine gründliche Ausbildung bekommen. Das Dumme ist nur, Sie werden nicht eher entlassen, bis Ihre Ausbildung abgeschlossen ist.

Sie können natürlich auf die Idee kommen, es danach noch einmal zu versuchen. Sie haben ja inzwischen etwas gelernt. Allerdings würden Sie dann nur feststellen, daß die anderen auch einiges gelernt haben. Sie bekommen diesmal ein noch längeres Stipendium. Das heißt: Diese Idee ist offensichtlich keine gute.

Damit haben wir wieder etwas Wichtiges gelernt: Es gibt gute und schlechte Ideen.

Was ist nun der Unterschied zwischen einer guten Idee und einer schlechten Idee?

Eine gute Idee muß zumindest realisierbar sein. Welche Idee ist realisierbar? Ich möchte Sie hier auf eine Grenze aufmerksam machen, denn jede Idee ist realisierbar, ohne Ausnahme. Ob sie sinnvoll ist, ist eine andere Frage, die wir später noch beantworten werden.

Wir sollten uns keine Grenzen setzen, nach dem Motto: Diese Idee ist nicht realisierbar. Nehmen wir ein typisches Beispiel: Sie haben eine Idee und sind der Auffassung: »Die Idee ist ausgezeichnet.« Sie sind absolut überzeugt davon. Sie würde auch einen hohen Ertrag bringen, ist aber nicht realisierbar, denn dafür brauchen Sie einhunderttausend Mark oder eine Million oder hundert Millionen. Ich weiß nicht, in welchen Größenordnungen Sie planen. Es spielt auch keine Rolle. Ihnen fehlt das Geld. Sie wissen gar nicht, wieviele Dummheiten allein durch Mangel an Geld verhindert worden sind.

Wenn Sie eine wirklich gute Idee haben, dann finden Sie auch das Geld.

Und dann lernen wir gleich noch etwas von den Reichen dieser Welt: *Sie arbeiten nicht mit ihrem Geld.* Sie haben die Idee und finden andere, die begeistert sind und ihnen das Geld geben. Sie verdienen an ihrer Idee. Der andere bekommt vom Ertrag vielleicht neunzig Prozent, trägt aber das ganze Risiko. Sie bekommen zehn Prozent für Ihre Idee. Dann können Sie immer noch gewinnen. Entweder die Idee ist so gut, wie Sie denken, dann haben alle profitiert und sind begeistert und Sie mit Ihren zehn Prozent gut bedient; oder die Idee taugt nichts. Dann hat der andere seine neunzig Prozent verloren und Sie haben erkannt, daß Ihre Idee doch nicht so gut war.

Ein Spiel, in dem Sie nur gewinnen können. Natürlich gewinnt auch der andere, der sein Geld verloren hat - an Erfahrung.

Ich habe diese Lektion sehr teuer bezahlt. Sie hat mich etwa eine halbe Million gekostet. Ich war jung und hatte zum ersten Mal richtig gut Geld verdient. In kurzer Zeit hatte ich meine damalige Firma verkauft und besaß etwas über eine halbe Million. Jetzt wollte ich ganz vorsichtig sein. Um keinen Fehler zu machen, sagte ich: »Moment, ich habe nicht die Erfahrung. Ich habe jetzt gerade gelernt, wie man Geld verdient. Mit Geld umzugehen, das ist eine andere Sache. Dazu brauche ich einen Experten, jemanden mit Erfahrung.« Ich inserierte in der Zeitung. Es meldeten sich einige Finanzberater, und ich fand einen, der sehr viel Erfahrung hatte. Ein halbes Jahr später hatte der mein Geld und ich seine Erfahrung. Mein Geld war weg, und er auch.

Heute halte ich dieses Erlebnis für eine meiner besten Investitionen im Leben. Ich hatte zwar alles verloren und mußte noch lange an den Steuern zahlen, denn das Finanzamt war unerbittlich und wollte natürlich trotzdem sein Geld, auch wenn es inzwischen futsch war.

Aber es war eine gute Investition. Ich erkannte, was Kenntnisse wert sind und daß es darauf ankommt, die richtigen Erkenntnisse zu haben und sich nicht auf die anderer zu verlassen. Es müssen eigene Erkenntnisse sein.

Wie wir gesehen haben, ist ein Weg zum Erfolg: Ein Bedürfnis zu suchen und dann eine Lösung zu finden. Wenn Sie sich umschauen, werden Sie Bedürfnisse genug finden. Also brauchen Sie nur noch die Lösungen, und zwar auf dem Gebiet, das Ihnen liegt oder Freude macht. Und vermeiden Sie eine Falle. *Bevor man eine Sache beginnt, muß man immer zuerst noch eine andere tun.*

Das erinnert mich an den Mann, der Hunger hatte und sich etwas zu essen kochen wollte. Da fiel ihm auf, daß er keine Streichhölzer im Hause hatte. Also ging er in den Supermarkt und kaufte Zündhölzer. Zu Hause angekommen, stellte er fest, daß er auch kein Holz hatte. Also ging er in den Wald, um Holz zu suchen. Nun hatte er genügend Brennmaterial, war aber unschlüssig, wie er sich wohl am gesündesten ernähren könne. So beschloß er, zunächst einmal das Geheimnis der richtigen Ernährung zu erforschen, kaufte sich viele Bücher und fing an zu lesen. Da kam ihm in den Sinn, doch besser zunächst die Sprache zu erforschen, damit er die richtigen Aussagen auch erkennen würde. So entschloß er sich zu einem Studium der Germanistik. Dafür mußte er zunächst die beste Universität finden.

Und wenn er nicht gestorben ist, dann sucht er heute noch; wahrscheinlich ist er aber längst verhungert.

Das heißt: Wir finden sehr oft Sätze wie: »Wenn ich das... Jetzt habe ich aber... Dann muß ich zuerst... Wenn ich das habe, dann muß ich immer noch...« Inzwischen ist der Tag oder die Zeit vorbei, die Sie zur Verfügung hatten, und zu dem Eigentlichen sind Sie nicht gekommen. Oder es kommt Ihnen etwas anderes in den Sinn, und damit Sie es nicht vergessen, tun Sie es zuerst.

Wenn Sie sich also etwas vorgenommen haben, das für Sie stimmig ist, dann sollten Sie sich durch nichts und niemanden davon abhalten lassen.

So, jetzt einmal eine kurze Zusammenfassung:

Jede Handlung, jeder Gedanke und jedes Gefühl ist eine Ursache und bringt immer eine Wirkung hervor; ganz gleich, ob die Wirkung erwünscht ist oder nicht.

Jede Wirkung entspricht immer in bezug auf Qualität und Quantität der Ursache. Trifft die Ursache auf ein Hindernis, kann sie sich nur auswirken, wenn ihr Energiepotential größer ist als das des Hindernisses, oder wenn dieses beseitigt wird.

Das Energiepotential jeder Ursache kann durch Intensität oder durch Wiederholung solange gesteigert werden, bis es jedes Hindernis überwindet.

- Durch Beharrlichkeit ist jedes Hindernis zu überwinden.
- Steter Tropfen höhlt den Stein.
- Jede Handlung kann zum Erfolg führen.
- Dem Menschen wäre nichts unmöglich, hätte er die Beharrlichkeit.

Das heißt also: Wenn Ihr Energiepotential nicht ausreicht, um mit einem Schritt den Durchbruch zu schaffen, dann vereinbaren Sie Ratenzahlungen. Das machen Sie ja auch, wenn Sie sich etwas kaufen, was Sie nicht bar bezahlen können. Sie bezahlen in Raten. Und hier ist Wiederholung angesagt! Immer das zur Verfügung stehende Energiepotential auf den einen Punkt lenken, noch einmal und noch einmal und noch einmal. Solange, bis das Energiepotential ausreicht und Sie Erfolg haben.

Das heißt, Ihr persönlicher Erfolg hängt davon ab, wieviele der nachfolgenden Erfolgsschritte Sie tun. Wie konsequent und umfassend sie geschehen, bestimmt den Grad Ihres Erfolgs.

Machen wir uns also auf den Weg. Und wenn Sie ein Genie sind, können Sie alle diese Regeln vergessen. Sie dürfen unrasiert sein, ungepflegt, unpünktlich, unzuverlässig; nur eins dürfen Sie nicht: aufhören, genial zu sein. Und das natürlich in jedem Augenblick!

Sollten Sie aber zu den 99,99 % der Menschen gehören, bei denen sich das Genie noch nicht voll durchgesetzt hat, dann müssen Sie Ihren Erfolg normal verursachen. Dann allerdings sind die folgenden Schritte unverzichtbar.

Sieben an der Zahl. Aber die müssen sein. Diese sieben Schritte finden sich bei jedem erfolgreichen Menschen.

Kapitel I

Die sieben Grundschritte zum Erfolg

Der *erste* Schritt ist die Antwort auf die Frage: **Erfolgreich leben - was heißt das?**

Wenn ich mir bewußtmache: Grundsätzlich ist alles möglich. Was heißt es denn, erfolgreich zu sein? Stellen Sie sich vor, das Leben wäre eine Reise, und sie könnten noch umbuchen. Wie hätten Sie es gern? Machen Sie sich einmal klar, was für Sie ein erfolgreiches Leben bedeutet.

Lassen Sie uns sozusagen einen Dialog führen.

Erfolgreich leben – was bedeutet das für mich?

Wann können Sie sagen: »Ich bin erfolgreich!« Was muß dazu geschehen?

Eine Antwort könnte lauten: »Wenn ich mir bestimmte Wünsche oder Träume erfüllt habe.«

Eine andere: »Wenn mir meine Arbeit Freude macht und es zum Segen anderer geschieht.«

In einem meiner Seminare beantwortete ein Teilnehmer diese Frage so: »Wenn ich in jedem Moment meines Lebens stimmig bin, in Harmonie mit mir selbst. Wenn ich die Dinge schaffe, die ich mir vorstelle, das heißt: Geld und Freude an der Arbeit. Wenn ich die Dinge so belebe, daß ich es wie ein Spiel ansehe.«

Sie haben natürlich das höchste Ziel genannt: stimmig sein.

Denn ganz gleich, was Sie sagen oder was Sie tun: Wenn Sie zum Beispiel krank sind, können Sie nicht sagen: »Ich habe erfolgreich gelebt«, denn Sie leiden, Sie leben im Mangel.

Oder wenn Sie sagen: »Ich bin der reichste Mensch der Welt und Mister Universum, weil ich so schön bin, daß alle Leute mir sofort die Füße küssen, und trotzdem bin ich unglücklich« - sind Sie nicht erfolgreich. Das heißt, wenn auf einer Ebene ein Mangel herrscht, sind Sie nicht wirklich erfolgreich. Wir müssen also erkennen: Wenn wir wirklich erfolgreich sein wollen, dann auf *allen* Ebenen des Seins.

Schauen wir den Mangel genauer an, vergleichen wir ihn einmal mit den Zyklen der Natur. Im Frühling ist alles klar, alles blüht. Es ist wunderschön. Das ist Fülle. Es könnte der Eindruck entstehen, daß der Winter, wenn die Bäume keine Blätter haben, Mangel bedeutet. Das ist aber nicht der Fall. Die Winterzeit ist eine notwendige Zeit der Vorbereitung, ein Zurücknehmen der Kraft. Naiv betrachtet, könnte man sagen: »Ich mag lieber den Frühling als den Winter.«

Wenn man aber in der richtigen Verfassung ist, in Harmonie mit sich, kann eine Winterstimmung eine wichtige Phase sein, notwendig, um von einer Ebene in die andere zu gelangen, also von einem Jahreszyklus der Vorbereitung in einen nächsten der Fruchtbarkeit. Daher meine ich, daß man den Mangel genauer anschauen muß. Was als Mangel erscheint, ist oft in Wirklichkeit keiner, sondern eine wichtige Vorbereitung für einen nächsten Zyklus. Mit dem sollte man im Einklang sein.

Wenn Sie sich natürlich im Winter wünschen, es wäre Frühling, sind Sie unglücklich. Wenn Sie aber wissen, diese Winterphase ist für Sie eine wichtige Zeit, in der Sie sich zurückziehen, etwas vorbereiten, nicht nach außen treten, dann kann das für Sie innere Fülle bedeuten, die allerdings nach außen wie Nicht-tun oder Mangel erscheint.

Da Sie aber nicht nach außen leben, sondern, wie Sie eben gelesen haben, stimmig sind, wissen Sie natürlich, es gibt Phasen der Aktivität und solche der Ruhe. Phasen des Nehmens und Phasen des

Gebens. Ein ständiger Wechsel. Deswegen ist es so wichtig: Sie müssen stimmig sein. Wenn Sie stimmig sind, erkennen Sie: Der scheinbare Mangel ist keiner, sondern eine notwendige Voraussetzung, um den nächsten Schritt zu gehen. Darum sollten wir bei allem erkennen, daß Stimmigsein das Wichtigste ist. Wir können bei dem Müllmann – um bei unserem Beispiel zu bleiben – wenn wir einen finanziellen Maßstab anlegen, sagen: »Der Mann lebt an der Armutsgrenze oder unter der Armutsgrenze. Er wird irgendwann einmal zum Sozialfall, denn selbst wenn heute jemand viertausend Mark verdient, verheiratet ist und zwei Kinder hat, kann er damit nicht auf einen grünen Zweig kommen. Aber darum geht es gar nicht, sondern um die Frage: Wie stimmig ist das für ihn? Wie erfüllend? Und dann kann das, was aus einer anderen Sicht mit einem anderen Maßstab nach Mangel aussieht, Erfüllung bedeuten. Und er kann viel weiter sein als ein anderer, obwohl der das Zehnfache verdient, aber nicht erfüllt ist, weil er in seiner Tätigkeit keine Erfüllung findet - das hat der Müllmann ihm voraus. Deswegen ist dieser Maßstab des Stimmigseins so wichtig.

Und Stimmigsein heißt auf *allen* Ebenen zu stimmen, sich also seiner Fähigkeiten und Möglichkeiten bewußt zu werden, sich ein klar umrissenes Ziel zu geben.

Das ist der erste Schritt, an dem die meisten schon scheitern. Sie haben kein klares Ziel. Sie wissen nicht, was sie wollen. Wie also soll das Leben etwas hervorbringen, was sie gar nicht kennen?

Stellen Sie sich vor, Sie gehen zum Bahnhof an den Schalter: »Ich hätte gern eine Fahrkarte.« Der Schalterbeamte fragt Sie: »Wohin möchten Sie denn?« Sagen Sie, »das ist mir egal, ich weiß es nicht.«

Sagt er: »Nein, Sie müssen sich schon entscheiden, wohin Sie wollen, und dann Hin- oder Hin- und Rückfahrkarte, erster oder zweiter Klasse?« Sie antworten: »Machen Sie es nicht so kompliziert, geben Sie mir einfach eine Fahrkarte.« Daraufhin weigert sich der Beamte: »Das geht nicht.«

Und diese Situation trifft auf die meisten Menschen zu. Sie geben dem Leben keinen klaren Auftrag. Also kann das Leben auch keine Erfüllung bieten. Und da sogar Sie, die Sie ein ausgewählter Leserkreis sind, nicht auf Anhieb sagen können: »Das ist mein klar umrissenes Lebensziel,« erkennen Sie, wie wichtig diese Voraussetzung ist, zunächst einmal Ihr Ziel zu umreißen. Und dazu brauchen Sie Phantasie und dürfen sich keine Begrenzungen setzen. Sie müssen sich trauen, einem Ideal Gestalt zu geben, zu sagen: »Für mich sieht das Ideal so aus«, wobei das Ziel eines Zwanzigjährigen anders aussieht als das eines Dreißig- oder Vierzigjährigen.

Und wenn Sie einmal an ihre Kindheit zurückdenken, wollten Sie vielleicht Pilot oder Lokomotivführer oder Straßenbahnschaffner werden. Heute erscheint Ihnen dieses Ziel wahrscheinlich nicht mehr so erstrebenswert. Das heißt, die Ziele ändern sich, und wir sollten nicht als Vierzigjähriger das Ziel verwirklichen, das wir als Zwanzigjähriger hatten, sondern das Ziel umsetzen, das uns jetzt, in diesem Augenblick, erstrebenswert erscheint. Und der Maßstab gilt immer nur für dieses Jetzt; denn selbst, wenn ich mein gestriges Ziel heute verfolge, muß das nicht mehr stimmen. Ich muß also jederzeit – bleiben wir wieder bei dem Maßstab – stimmig sein, dann stimmt auch das Ziel in jedem Alter.

Erfolgreich leben heißt aber noch viel mehr. Dazu gehört auch, genügend Geld zu haben, den idealen Partner, gesund zu sein.

Und bleiben wir einmal bei dem Punkt Partnerschaft: Wie sieht Ihre aus? Machen Sie sich bewußt: Lebe ich in der idealen Partnerschaft oder könnte meine Partnerschaft besser sein? Wenn ja, wie sähe Ihre ideale Partnerschaft aus? Ich meine natürlich die private genauso wie die geschäftliche, jede Form von Partnerschaft. Wie könnte sie besser sein? Wie würden Sie eine ideale Partnerschaft beschreiben?

Vor ein paar Jahren nahm ein Schweizer Ehepaar an einem meiner Seminare teil. Die beiden saßen dort und hielten Händchen. Sie sahen lieb aus, aber ein bißchen traurig. Wir kamen ins Gespräch und sie erzählten: »Eigentlich können wir uns so ein Seminar nicht leisten. Wir arbeiten in einer Branche, in der es immer mehr bergab geht. Wir haben noch sieben Angestellte. Es wird immer schwieriger; aber wir müssen noch sechs Jahre durchhalten, weil die Hypotheken auf dem Haus erst dann abbezahlt sind.« Ich fragte: »Wieviel müssen Sie denn noch bezahlen?« »Noch dreihundertsechzigtausend Franken, aber die Konjunktur und die Wirtschaftslage, alles geht immer mehr bergab. Wir können es kaum noch aufbringen. Über Überstunden reden wir schon gar nicht mehr. Wir arbeiten bis in die Nacht, und es wird immer schwieriger. Wir haben es sehr schwer.«

Dann stellte sich heraus, daß es ein Zwölffamilienhaus war und sie schon 1,3 Millionen bezahlt hatten. Da habe ich natürlich die provokative Frage gestellt: »Warum wollen Sie in Ihrer Branche noch sechs Jahre arbeiten? Verkaufen Sie Ihr Haus. Warum wollen Sie es behalten?«

Die Idee war ihnen noch nie gekommen.

Im nächsten Seminar saßen sie wieder da und strahlten. Das Haus war verkauft. Die Firma ebenfalls. Er arbeitete halbtags als Berater in seiner früheren Firma und verdiente am halben Tag Dreiviertel soviel wie vorher, hatte über eine Million auf dem Konto und einhunderttausend im Jahr allein an Zinsen.

Plötzlich war sein Leben herrlich und wundervoll. Das war es auch vorher gewesen. Er hatte nur die Vorstellung: »Ich habe die Hypotheken. Ich muß noch sechs Jahre. Ich kann nicht vorher aufhören. Unsere Wirtschaftssituation ist miserabel. Ich muß auch die Arbeitsplätze erhalten, allein schaffe ich es nicht.«

Alle diese Ziele hatte er sich selbst gesetzt. Und das tun wir alle. Deswegen erzähle ich Ihnen diese Geschichte. Wir alle sitzen irgendwo auf einer Schiene, haben uns festgefahren nach dem Motto: »Natürlich würde ich es gern anders haben; aber es geht nicht, weil...«

Das sollten wir hinterfragen, uns aber zunächst einmal bewußt machen: Wo sind die Zwänge in meinem Leben? Was kann ich jetzt noch nicht, weil ich die Hypothek abbezahlen muß? Wie sieht bei mir die Lösung »Hausverkauf« aus?

Schreiben Sie die Situationen einmal auf, die Probleme, die Zwänge auf die linke Seite des Blattes und auf die rechte Seite die Lösungen. Also links die Hypothek aufschreiben und rechts die Idee, zum Beispiel den Hausverkauf.

Und dann werden Sie sehen (und das ist wieder eines der Erfolgsgeheimnisse): Sobald Sie sich die Zwänge bewußt machen, kennen Sie die Lösung. Sie müssen es sich nur einmal vor Augen führen. Und dann schreiben Sie rechts daneben, was Sie tun müssen, damit dieser Zwang verschwindet, aufgelöst wird, die Hypothek getilgt, ohne daß Sie noch sechs Jahre arbeiten müssen, um bei diesem Beispiel zu bleiben.

Und jetzt eine weitere Frage: Bitte schreiben Sie es gleich auf: Was bedeutet Erfolg für mich?

- Geld?
- Macht?
- Besitz?
- Anerkennung oder Liebe?
- Unerschütterliche Gesundheit und Kraft, Vitalität bis ins hohe Alter?
- Oder Glück und Erfüllung?

Vielleicht noch eine Hilfe, bevor Sie anfangen zu schreiben. Schließen Sie die Augen, gehen Sie nach innen und schauen Sie sich Ihr Bild für Erfolg an; denn wir alle haben innere Bilder. Machen Sie sich bewußt: Wie sieht für Sie Erfolg aus? Sie lassen das Bild zuerst einmal klar werden. Und in dem Maße, wie Sie es vor sich sehen, können Sie es überprüfen und korrigieren, können es wie ein Künstler immer detaillierter gestalten. Wie ein Bildhauer modellieren Sie jetzt Ihr Bild für Erfolg, solange, bis es Ihnen entspricht, bis Sie damit zufrieden sind.

Wenn Sie es haben, können Sie es aufschreiben. Sie können natürlich auch solange mit geschlossenen Augen daran modellieren, bis es für Sie stimmig ist und Sie den Maßstab haben für das, was zu tun ist. Und wenn Ihnen in diesem Zusammenhang solche Zwänge auffallen, wie wir sie angesprochen haben mit der Hypothek, dann schreiben Sie diese auch gleich auf:

Zwänge in meinem Leben:

● Wo bedrängen mich die Umstände?
● Was ist zu tun?

Nehmen wir als Beispiel, Sie hätten ein Negativvermögen, sprich Schulden.

Manche sind jung und heiraten, richten sich eine Wohnung ein, kaufen sich ein Auto. Auf Pump. Natürlich mit hohen Zinsen. Klar, daß die Schulden bleiben.

Aber wie kommt ein anderer an ein Negativvermögen? Selbst das müßte nicht sein. Ich bin nämlich kein Freund von Schulden. Ich bin immer der Meinung: Jeder sollte seinen Verhältnissen entsprechend leben. Höchstens sich mal zwanzig Mark leihen, weil man gerade kein Geld bei sich hat, um das Essen zu bezahlen; also eine Kleinigkeit, die man sofort wieder ausgleichen kann.

Aber wie kommt man mit einem größeren Betrag ins Minus?

Zum Beispiel durch eine Fehlinvestition.

Diese könnte, wenn Sie sie richtig nutzen, zu den entsprechenden Erkenntnissen geführt haben oder noch führen, so daß sich diese Erfahrung letztlich doch auszahlt.

Für mich ist jeder Fehler ein Geschenk, eine Botschaft. Bei jedem Fehler will mir das Leben auf die Sprünge helfen, es besser zu machen. Und es zeigt mir an dem Beispiel, wie es nicht funktioniert, was ich besser machen kann. Das ergibt sich zwangsläufig.

Wenn Sie also fehlinvestiert haben - und es geht vielleicht einigen so - oder Sie sind irgendwo im Minus, dann sollten Sie dem Ausgleich Priorität geben, zumal die meisten unnötig in diese Situation geraten.

Ich denke da an das Beispiel eines erfolgreichen Freundes. Er besitzt eine gutgehende Firma, hat sich ein Haus gekauft; sein Auto, ein Spitzenmodell natürlich, ist geleast, und jetzt hat er über eine Million Schulden.

Wenn Sie nachrechnen, wieviel die Zinsen bei derzeit zwölf Prozent ausmachen, dann sind das ganz vorsichtig einhundertzwanzigtausend Mark im Jahr, also über zehntausend Mark im Monat nur an Zinsen. Ohne Zwang, denn er hätte genauso gut noch zwei, drei Jahre in einer Mietwohnung wohnen oder ein Haus mieten und diese Kosten aus den Einnahmen finanzieren können. Und auf den tollen Wagen hätte er sich zwei Jahre länger freuen und sich jetzt ein Auto kaufen können, das er bezahlen konnte, dann hätte er diese einhundertzwanzigtausend Mark im Jahr schon einmal nicht zu verdienen brauchen. In zehn Jahren sind das weit über eine Million, mit Verzinsung über eineinhalb Millionen. So macht er es sich selbst schwer.

Wir haben natürlich darüber gesprochen, aber er bleibt bei seiner Meinung. Er hat zu lange gehungert nach Eigentum und nach dem schönen Wagen. Er war nicht mehr bereit zu warten.

Ich habe ihm gesagt: »Für dieses Nichtwartenwollen zahlst du unnötigerweise einhundertzwanzigtausend Mark im Jahr an Zinsen.«

Ich will damit sagen: Sehr viele bringen sich selbst in eine Situation, in der sie gar nicht sein müßten und zwingen sich zu diesem Negativvermögen.

Ein anderer besitzt kein Haus, das er als Gegenwert einsetzen kann, sondern hat in eine Firma investiert, ohne von der Branche eine Ahnung zu haben.

Aber auch das kann eine gute Investition sein, weil er in diesem Leben nie mehr in irgend etwas investieren wird, von dem er nichts versteht. Jetzt muß er nur noch einen Weg finden - wir kommen später noch darauf -, soviel Kapital zu schaffen, um seine Schulden loszuwerden und das Startkapital für etwas Neues zu haben, sagen wir mal eine halbe Million.

Es gibt immer die Wahl zwischen zwei Wegen: Den königlichen Weg der Erkenntnis, klug zu werden aus dem Schaden der anderen; oder aber, wenn man daraus nicht lernen will, dann muß man den bitteren Weg der eigenen Erfahrung gehen. Aber gelernt werden muß in jedem Fall, so oder so.

Das also war der erste Schritt. Bevor Sie Erfolg haben können, müssen Sie sich bewußt machen, was Ihre Art von Erfolg ist. Und prüfen Sie, ob sie den Erfolg, den Sie derzeit anstreben, wirklich haben wollen. Führt der Weg, den Sie derzeit gehen, wirklich zu einem Ziel, das Sie erreichen möchten? Wenn dem so ist, haben Sie den ersten Schritt zum Erfolg bereits hinter sich gebracht. Sie haben ein klares Ziel.

Wohlstandsbewußtsein entwickeln

Das ist der *zweite* Schritt zum Erfolg. Deswegen stelle ich ganz konkret die Frage: »Fühlen Sie sich wert, diese halbe Million in einem Jahr zu haben?«

Und da haben die meisten Menschen ein Problem: Sie leben in einem Mangelbewußtsein. Natürlich wünschen sie sich, mehr zu erreichen, träumen vielleicht von sechs Richtigen im Lotto. Aber wenn Sie genauer hinschauen, glauben diese Menschen gar nicht an die sechs Richtigen. Sie glauben erst recht nicht, daß das passiert, und schon gar nicht ihnen. Deshalb kann es nicht geschehen, denn das Gesetz lautet: Wie innen, so außen.

Wenn Sie also in einem inneren Mangelbewußtsein leben, kann sich im Außen Reichtum nicht manifestieren. Und tut er es doch, durch welchen Umstand auch immer, vielleicht weil eine andere Lektion das bedingt, können Sie ihn nicht halten und verlieren ihn wieder.

Wohlstandsbewußtsein zu entwickeln beginnt damit, Ihr Mangelbewußtsein loszulassen. Das geschieht zum Beispiel durch die Erkenntnis, daß Fülle Sie umgibt, Ihr geistiges Erbe ist und darauf wartet, von Ihnen in Besitz genommen zu werden. Es steht Ihnen also zu, in der Fülle zu leben. Es ist vielleicht nicht normal, aber natürlich, denn es entspricht dem Überflußdenken der Natur, wenn Sie in jedem Augenblick und in jedem Bereich in der Fülle leben. Das heißt, Ihr derzeitiges Einkommen, der Stand Ihres Bankkontos,

Ihr persönlicher Erfolg - all das ist das Ergebnis einer oft unbewußten inneren geistigen Formel.

Hören Sie einmal diesem inneren Reden zu. Bleiben wir bei Ihrem Beispiel. Wenn Sie sich sagen: »In einem Jahr habe ich die halbe Million, um meine Schulden zu zahlen und nach Mikronesien zu gehen.« Was sagt Ihre innere Stimme dazu?

Mit Hilfe des kinesiologischen Armtestes können wir sehen, ob das stimmt, was Sie sich einreden. Es hat keinen Zweck, sich etwas zu suggerieren, was Sie selbst nicht glauben, weil Sie sagen: »Das wäre natürlich schön, aber...«

Halten Sie sich einmal das Bild Ihres Wohlstandsbewußtseins vor Augen. Am besten schließen Sie die Augen. Schauen Sie sich an: Wie sieht mein Wohlstandsbewußtsein aus? Was denke ich über Wohlstand. Wie sieht mein Bild von Wohlstand aus? Natürlich können Sie das Bild wieder korrigieren, optimieren. Arbeiten Sie wieder wie ein Künstler an Ihrem Bild, bis Ihr Bild von Wohlstand stimmt. Wenn Sie dieses Bild vor Augen haben, dann machen Sie einmal innerlich einen Armtest. Stellen Sie sich vor, wie Sie getestet werden und sagen Sie: »Ich fühle mich wert, diesen Wohlstand zu erreichen.«

Schauen Sie sich innerlich zu, ob Ihr Arm stark bleibt oder heruntergeht.

Wenn er heruntergeht, dann entwerfen Sie ein neues Bild, zu dem Sie sagen: »Soviel Wohlstand gestatte ich mir.« Und dann testen Sie dieses neue Bild. Machen Sie es solange, bis Sie von Ihrem inneren Bild überzeugt sind. Wenn Sie ein Bild haben, mit dem Sie zufrieden sind, dann wird der innere Armtest zeigen: Das glaube ich mir. Das bin ich mir wert.

Wenn Sie das richtig gemacht haben, wird der Erfolg im Außen in Erscheinung treten, denn Sie haben eine innere Wirklichkeit geschaffen und fühlen sich wert, diese Wirklichkeit im Außen zuzulassen. Dann brauchen Sie im Außen nur noch das Notwendige zu tun: Inserate schalten, telefonieren etc. - also die Bedingungen schaffen, damit es geschehen kann.

Es könnte aber sein, daß es da noch Hindernisse in Ihnen gibt. Denen versuchen wir jetzt einmal auf die Schliche zu kommen.

Welche begrenzenden Überzeugungen stehen Ihrem Erfolg noch im Weg? Ich nenne Ihnen ein paar Beispiele. Vielleicht erkennen Sie sich wieder:

- Man kann im Leben nun einmal nicht alles erreichen.
- Es ist schwer, wirklich gute Freunde zu finden.
- Erfolg zu haben, ist mühsam.
- Krankheiten sind unvermeidbar.
- Man wird im Leben immer wieder enttäuscht.
- Man muß einfach damit rechnen, daß nicht immer alles glatt geht.
- Seinem Schicksal kann man nicht entrinnen.

Solche und ähnliche Sätze tragen auch Sie in sich. Machen Sie sich auf die Suche und schreiben Sie sie auf die linke Seite eines Blattes. Sie können später in Ruhe die Formulierungen ergänzen. Fangen Sie einfach an. Was fällt Ihnen ganz spontan an begrenzenden Vorstellungen oder negativen Glaubenssätzen ein?

Hier einige Beispiele:

- Ein Reicher kommt nicht in den Himmel.
- Hoffentlich geht das gut.
- Ich kann nicht allein sein.

Lassen Sie sich noch weitere Sätze einfallen und schreiben Sie sie auf die linke Seite.

Übrigens, Jesus hat es sehr genau mit dem Reichtum definiert. Er hat gesagt, wir sollten *arm im Geist* sein. Das heißt, Sie können haben, soviel Sie wollen, wenn Sie es nicht besitzen, sprich konkret: daran hängen. Wenn Sie, wie die Weisen sagen, besitzlos besitzen. Wenn Sie genauso bereit sind, die Spielsachen hier zurückzulassen, dann sind Sie arm im Geist. Dann sind Sie leicht und können jederzeit gehen. Wenn Sie aber nur eine Kleinigkeit haben, an der Sie hängen, gehört das mit zu Ihren Begrenzungen: »Wenn ich jetzt sterben würde, woran würde ich noch hängen? Was könnte ich nicht so einfach loslassen?« Auch das sind Begrenzungen, die Ihnen im Weg stehen. Schreiben Sie sie auf.

Und wenn es Ihnen einfällt, schreiben Sie rechts daneben die optimale Formulierung, die Lösungsformulierung, Ihren neuen Glaubenssatz:

Linke Seite:	Rechte Seite:
Man kann im Leben nicht alles erreichen.	Ich erreiche im Leben, was immer ich will.
Erfolg zu haben ist mühsam.	Erfolgreich sein macht Freude.
Man muß damit rechnen, daß nicht immer alles glatt geht.	Es geschieht immer genau das, was ich verursache.

Also räumen Sie geistige Hindernisse für den Erfolg aus, indem Sie sich diese bewußtmachen. Dann formulieren Sie sie in die erwünschten Glaubenssätze um. Und probieren Sie mit dem Armtest, ob Sie es wirklich glauben oder es sich nur einreden. Bleiben Sie innerhalb der Grenzen Ihres Glaubens. Am besten, Sie erweitern Ihren

Glauben so, daß Sie alles glauben können. Machen Sie ihn grenzenlos. Schaffen Sie sich auch dort positive Glaubenssätze, wo Sie gar keine negativen haben. Die Tatsache, daß Sie keinen negativen Glaubenssatz haben, heißt noch nicht, daß Sie einen positiven haben. Also finden Sie auch hilfreiche Affirmationen dort, wo nichts Negatives dagegen steht. Zum Beispiel:

- Es gibt immer eine Lösung.
- Ich kann die Aufgabe jetzt lösen.
- Ich bekomme immer rechtzeitig alles, was ich wirklich brauche.
- Ich erkenne und nutze meine Chancen.
- Ich bin dankbar für einen endlosen Strom praktischer Ideen, die das Leben mir schickt, um immer erfolgreicher zu werden.

Suchen Sie also alle hilfreichen positiven Affirmationen, die Sie individuell für Ihren Erfolg brauchen. Überprüfen Sie ständig Ihre Glaubenssätze, denn diese verhindern oder schaffen Erfolg, je nachdem, was sie beinhalten. Wenn Sie gegen diese Glaubenssätze arbeiten, haben Sie keine Chance. Wenn es in Ihrem Innern nicht stimmt, können Sie es im Außen nicht verwirklichen.

Und gehen Sie nicht nur ins Positive, sondern mit Ihren Glaubenssätzen in die Freude. Finden Sie Glaubenssätze - wohlgemerkt solche, die Sie glauben können, sonst hießen sie ja nicht Glaubenssätze -, die Ihre Freude zum Ausdruck bringen. Zum Beispiel:

- Das Leben ist ein Spiel und macht Freude.
- Die Welt bietet mir überall Fülle.
- Es gibt grenzenlos viele interessante Möglichkeiten in meinem Leben.
- Ich bin von Natur aus ein Gewinner.

Arbeiten Sie diese Glaubenssätze sehr sorgfältig aus und gehen Sie mit den Glaubenssätzen auch über den Erfolg hinaus in die Erfüllung.

Das ist der zweite Schritt zum Erfolg. Damit schaffen Sie sich Wohlstandsbewußtsein. Wenn Ihre inneren Glaubenssätze stimmen, dann reicht das alleine aus, um Erfolg im Außen hervorzurufen. Er muß dann im Außen in Erscheinung treten.

Wir haben uns bisher zwei Schritte bewußt gemacht, zwei Schritte von dreißig.

Der erste Schritt: Erfolgreich leben - was bedeutet das für mich?

Der zweite Schritt: Wohlstandsbewußtsein entwickeln.

Wenn Sie nur diese beiden Schritte verwirklichen würden, müßten Sie schon mehr Erfolg haben. Vorausgesetzt natürlich, Sie tun den wichtigsten aller Schritte - den Schritt vom Wissen zum Tun.

Es genügt nicht, daß Sie wissen, wie wichtig Wohlstandsbewußtsein ist, sondern Sie müssen sich eins schaffen. Das heißt, ich kann hier natürlich die Dinge immer nur anreißen, fortführen müssen Sie das dann selbst. Sie haben also in der nächsten Zeit reichlich zu tun, diese Theorie in die Praxis umzusetzen. Es gilt, den Schritt vom Wissen zum Tun zu machen. Und damit kommen wir zum *dritten* Schritt:

Der Glaube an sich selbst und seinen Erfolg

Schon in der Bibel heißt es bei Markus 9, Vers 23: *Alle Dinge sind möglich dem, der da glaubt.* Wir aber glauben zu viel an den praktischen Wert des Wissens und wissen zu wenig vom praktischen Wert des Glaubens, um nicht zu sagen - fast gar nichts mehr. *Glauben* ist etwas anderes als *für wahr halten.* Ein Beispiel: Sie haben Gäste. Sie glauben, daß sie pünktlich sind oder auf der Autobahn gut durchkommen. Das hat natürlich mit Glauben nichts zu tun. Das ist eine Vermutung; und Sie können recht haben oder nicht. Glauben ist eine unerschütterliche innere Gewißheit, daß etwas so ist oder kommt oder sein wird.

Schon Jesus hat immer gesagt: *Dir geschehe nach Deinem Glauben.* Und wenn Jesus jemanden geheilt hatte, der sich dafür bei ihm bedankte, dann sagte er: *Dein Glaube hat Dir geholfen.*

Das ist also ein geistiges Gesetz: Einem jeden von uns geschieht nach seinem Glauben, also nach dem, wovon er innerlich unerschütterlich überzeugt ist. Man kann sogar noch einen Schritt weitergehen und sagen: »Wissen stellt Tatsachen fest, Glaube schafft Tatsachen.« Wenn Sie von einer Sache innerlich unerschütterlich überzeugt sind, dann haben Sie das Bild dieses Zustandes vor Augen. Und damit setzen Sie permanent eine Ursache dafür. Dann muß das Außen in Erscheinung treten. Und umgekehrt: Wenn Sie dieses Bild innerlich nicht haben oder gar ein gegenteiliges Bild, dann kann das Angestrebte außen trotz aller Bemühungen, Fleiß, Intelligenz nicht in Erscheinung treten.

Also prüfen Sie einmal: Wovon sind Sie wirklich innerlich überzeugt? Denn dieser Glaube arbeitet für oder gegen Sie. Zweifel ist auch Glaube, nur einer, der gegen Sie arbeitet. Sie aber sollten diesen Glauben bestimmen. Das heißt also: Der Glaube ist ein zuverlässiges Mittel gegen Mißerfolg.

Aber wie lernt man so glauben? Früher gab es viel, was die Leute tief innerlich glaubten. Wir haben Glauben in den Bereich der Religion geschoben. Wir tun so, als habe es mit dem praktischen Leben nichts zu tun; als sei das etwas für Gläubige. Wir sind eher Ungläubige. Nein, dieser Glaube ist etwas, das Tag für Tag unser Leben bestimmt. Wenn wir ihn wieder lernen wollen, dann müssen wir die Macht der kleinen Schritte nutzen, um diesen Glauben zu schaffen. Das heißt, nehmen Sie sich jetzt nicht gleich vor, Ihr Leben von Grund auf zu ändern, um das Größtmögliche in den nächsten Stunden zu erreichen. Das glauben Sie sich ja nicht. Und weil Sie es sich nicht glauben, steht von vornherein fest, daß es ein Mißerfolg wird. Dann sagen Sie: »Es hat sich ja schön angehört, aber bei mir klappt das nicht.« Das sind geistige Gesetze, die funktionieren bei jedem. An den Gesetzen liegt es nicht, sie sind zuverlässig. Was nicht zuverlässig ist, das ist der Mensch. Wir funktionieren nicht immer. Wir müssen also wieder glauben lernen.

Nutzen Sie die Macht der kleinen Schritte, indem Sie sich ein Erfolgserlebnis nach dem anderen verschaffen. Das heißt, nehmen Sie sich etwas vor, was Sie wirklich glauben können, und verwirklichen Sie es. Dann haben Sie ein Erfolgserlebnis. Das kann eine Kleinigkeit sein, zum Beispiel einen Parkplatz zu finden, eine Begegnung, ein Buch, das Sie schon lange suchen, oder eine Idee. Es ist ganz gleich, nur etwas, von dem Sie sagen: »Das kann ich glauben, und es wäre schön, wenn es jetzt passieren würde.« Dann verursachen Sie es, indem Sie an diesem Glauben festhalten und sich gleichzeitig das Bild der geglaubten Realität in allen Einzelheiten vorstellen. Und es geschieht und Sie haben den Parkplatz dort, wo Sie ihn wollen; so wie ich, immer gegenüber dem Eingang ...

Gleichzeitig hilft Ihnen dieses Erfolgserlebnis, ein bißchen übermütiger zu werden und zu sagen: »Jetzt könnte ich auch glauben...« Vorsicht! Nicht zu weit gehen. Nur einen Schritt weiter - die Macht der kleinen Schritte: »Jetzt verursache ich per Dauerauftrag für mich einen Parkplatz.« Und dann werden Sie sehen, auch das klappt. Und das wiederum erweitert die Grenze Ihres Glaubens. Sie sagen: »Ich brauche das nicht nur auf einen Parkplatz zu beschränken. Das müßte doch auch in der Partnerschaft oder mit meinen Schulden oder mit Mikronesien möglich sein.«

Fangen Sie mit kleinen Dingen an, die ganz einwandfrei innerhalb der Grenze Ihres Glaubens liegen, die Sie nur noch nicht verursacht haben. Sie brauchen Erfolgserlebnisse. So können Sie Schritt für Schritt die Grenze Ihres Glaubens erweitern. Und dann kann es sein, daß Sie beim dritten Schritt sagen: »Jetzt halte ich wirklich alles für möglich.« Und in diesem Augenblick, in dem Sie es für möglich halten, wird es möglich. Die Macht des Glaubens ist also jederzeit bereit, für Sie tätig zu werden. Wenn Sie es wollen! Jetzt!

Wenn Sie sich mit Kinesiologie auskennen, können Sie sehr schön über den Armtest herausfinden, ob Sie wirklich an Ihren Erfolg glauben, mit dem Satz: »Ich glaube an meinen Erfolg.« Bleibt Ihr Arm stark - wunderbar. Wenn nicht - müssen Sie noch an sich arbeiten.

Sie haben immer die Möglichkeit, die Dinge zu verursachen, auch wenn es letztlich gar nicht so gut für Sie wäre. Es ist niemand da, der sagt: »Es soll nicht sein.« Sie sind der Schöpfer. Es gibt auch nicht so etwas wie eine Bestimmung, die Sie mitbringen und erfüllen müssen, sondern Sie haben nur in der Vergangenheit eine Reihe von Ursachen gesetzt. Die Summe dieser Ursachen nennen wir unser Schicksal. Aber die Ursachen haben Sie gesetzt. Und bevor die Ursachen eintreten, haben Sie die Möglichkeit, sie zu ändern. Sie können also Ihr ganzes Schicksal neu bestimmen. Das meine ich damit, wenn ich sage: »Wir haben in jedem Augenblick die Wahl.« Ich kann mich sooft geirrt oder das Falsche gewählt, mich enttäuscht haben und was auch immer. Wenn ich *jetzt* das Richtige tue, ist alles vergessen. Es geschieht jetzt! - das Richtige.

Ein Mentaltraining ist da natürlich sehr hilfreich: Dann wird alles eintreten, was Sie sich wünschen. Wenn Sie eine gute Mitarbeiterin brauchen und nicht bekommen, sagen Sie: »Ab nächster Woche muß sie kommen.« Drei Tage später wird sie da sein.

Wenn Sie irgendwann feststellen, daß alles zögerlich geht oder nur tröpfchenweise, dann prüfen Sie, wo Sie innen drin Ihr Ventil noch nicht ganz aufgedreht haben, und Sie werden herausfinden, daß Sie selbst noch Vorbehalte haben und noch gar nicht richtig wollen, was Sie tun.

Ich erinnere mich an einen solchen Fall: Eine junge Frau wollte wieder in den Beruf zurückkehren. Ihr Kind war jetzt so weit, daß sie es der Großmutter überlassen konnte. Die Frau bewarb sich und bekam sofort eine Stelle, die fast doppelt so gut dotiert war wie das, was sie erwartet hatte, also ideal. Dann brach sie sich ein Bein, und die Sache mit dem Job hatte sich erledigt. Wir haben über die Situation gesprochen, und es stellte sich heraus, was los war: Sie hatte Angst wegzuziehen, da sich ihre Beziehung zu einer Wochenendehe entwickelt hätte. Ihr Mann wollte nicht mit. Er hatte eine gut bezahlte Stelle, und auch ihre Mutter und das Kind wären in der vertrauten Umgebung geblieben. Sie war innerlich in einem Dilemma. Sie wollte wieder arbeiten und einen tollen Job haben, war aber nicht bereit, den Preis dafür zu zahlen; und vor allem, sie war nicht gewillt, sich bewußt zu machen, daß sie nicht bereit war. Also führte ihr innerer Konflikt dazu, die Aufgabe auf andere Weise zu lösen. Sie brach sich das Bein, und damit war die Sache erledigt.

Sorgen Sie also dafür, daß Sie in diese Klarheit kommen, damit Ihnen so etwas nicht passiert.

Zielklarheit

Der *vierte* Schritt.

Was ist mein Ziel, mein konkretes Ziel? Was strebe ich jetzt an?

Viele Menschen erreichen nur deshalb Ihre Ziele nicht, weil sie sich erst gar keine setzen.

Bei einer so unwichtigen Sache wie dem Autofahren, da wissen wir ganz genau, wohin wir wollen. Bei einer so wichtigen Sache wie dem Leben, da überlassen wir es dem Leben oder dem Zufall, was kommt. Kurzum, wir geben keine klaren Direktiven, und dann kommen keine klaren Ergebnisse. Also müssen wir uns jetzt zuerst einmal klar werden: Was will ich eigentlich? Vielleicht kann uns die Erinnerung an die Jugendziele helfen, denn erstaunlicherweise bleibt das, was den Jugendträumen zugrunde liegt, meistens ein Leben lang bestehen. Ich wollte damals Pilot werden. Heute ist das längst nicht mehr mein Ziel, aber die Grundidee - nämlich hoch hinauszuwollen und Verantwortung zu tragen, Dinge zu lenken - also diese Grundenergie, die besteht nach wie vor. Prüfen Sie: Was war oder ist Ihr Wunschtraum? Haben Sie überhaupt noch einen Traum? Was sollte in Ihrem Leben passieren?

Das Hauptziel könnte sein: Erfüllung.
»Ja, gut,« sagt das Leben, »Erfüllung ist klar. Das ist für dich Erfolg. Aber wie hättest du es denn gern? Womit fängst du an? Ist die Gesundheit jetzt an der Reihe oder die Partnerschaft? Willst du Geld oder Anerkennung? Möchtest du an die Macht? Ist es Besitz, der dich reizt? Willst du geliebt werden? Gib mir ein konkretes Ziel!«
Also geben Sie jetzt dem Leben ein konkretes Ziel, ein kleineres oder größeres - Ihren nächsten Schritt gewissermaßen.
Wieder können Sie sich von Ihrem Wunschtraum führen lassen und Ihr nächstes Ziel davon ableiten. Oder haben Sie Ihr nächstes Ziel schon klar vor Augen, ohne nachdenken zu müssen?
Was ist Ihr nächstes Ziel?

Sie sagen zum Beispiel:
»Ich möchte gerne eine andere Wohnung haben, und zwar schnell.«

Und jetzt spüren Sie einmal hin, seien Sie Ihre eigene Lebensberaterin.

»Ich spüre es schon, daß es klappt. Ich weiß es nicht, aber ich spüre es.«

Ich will Ihr Gespür nicht ins Wanken bringen.

»Ich kann es Ihnen nicht erklären, aber ich weiß, daß es klappt.«

Dann sagen Sie nicht: »Ich möchte gern.« Möchten genügt nämlich im Leben nicht, sondern:
»Ich bekomme eine neue Wohnung.«

Bitten Sie einen Freund oder eine Freundin, mit Ihnen den Armtest zu machen. Schauen Sie, wie es mit der Wohnung ist.
Sagen Sie: Ich *möchte* eine neue Wohnung. Klappt der Test? Nein?
Dann sagen Sie: Ich *bekomme* meine neue Wohnung.

Lassen Sie sich durchdringen von dem, was Sie gerade gesagt haben, von dem Glauben: Ich *weiß*, ich bekomme meine Wohnung. Das ist sicher. Und wenn Sie es fest glauben, wird der Test positiv sein.

Wir müssen also uns selbst überzeugen, und das ist oft gar nicht so leicht. Sie müssen wirklich prüfen: Glauben Sie sich das jetzt?
Wenn ich jemanden frage: »Was haben Sie für ein Ziel?« und er darauf in einem laschen Ton sagt: »Ich möchte gern in diesem Jahr noch Millionär werden«, dann können Sie sicher sein, er wird es nicht. Selbst wenn er sechs Richtige im Lotto hat, ist das Geld weg, bis das Jahr herum ist, oder er hat Schulden. Mit dieser Energie geht das nicht. Er ist überhaupt nicht erfüllt davon. Sie müssen sich also schon damit erfüllen.
Wenn ein Architekt ein Haus baut, dann macht er zunächst einen Plan. Vorher braucht er eine Idee. Sie sagen ihm: »Ich denke an einen

Hügel und eine Birke an der Seite, an ein Walmdach und an
eine Terrasse, an einen Kamin innen und außen.« Jetzt hat der Ar...
tekt eine Idee von Ihrem Haus bekommen, und jetzt kann er anfangen, diese Idee zu skizzieren. Wenn Sie die Skizze genehmigen, legt
er Ihnen konkret einen Plan vor.

Genauso müssen Sie es mit dem Leben machen. Stellen Sie sich
vor: Sie sind der Architekt Ihres Lebens. Sie müssen dem Leben einen konkreten Plan geben, ein Bild: So soll mein Leben aussehen.

Also bestimmen Sie genau, was Sie wollen, und auch den Zeitpunkt. Denn es ist ganz erstaunlich, viele Menschen verfolgen hart-
näckig ihren Weg, den sie gewählt haben, aber nur wenige ihr Ziel.
Das heißt, die meisten Wege, die die Menschen gehen, führen nicht
dorthin, wo sie hoffen, daß sie hinführen. Sie haben einen Weg gewählt, sie kommen auf diesem Weg vorwärts, verfolgen ihn weiter;
aber dieser Weg führt überhaupt nicht an ihr Ziel.

Also überprüfen Sie einmal, ob der Weg, den Sie derzeit gehen,
zu dem Ziel führt, das Sie erreichen wollen. Und Sie werden vielleicht merken, daß das nicht der Fall ist.

Ich habe vor einiger Zeit einen Witz gelesen. Zuerst erschien er
mir albern, bis ich gemerkt habe, es ist tatsächlich so: Zwei Männer
fahren im Zug. An jeder Station macht der eine das Fenster auf, guckt
heraus, stöhnt und macht das Fenster wieder zu. Nachdem das einige Male passiert ist, fragt der andere: »Was ist mit Ihnen? An jeder
Station schauen Sie aus dem Fenster und stöhnen. Ist Ihnen nicht
gut? Soll ich Ihnen etwas besorgen?« »Ach,« sagt der eine, »das ist
es nicht, nur, ich müßte in die andere Richtung fahren.« Fragt der
andere darauf: »Warum steigen Sie dann nicht aus?« Antwortet der
eine: »Es ist so angenehm hier.«

Und das genau tun sehr viele Menschen. Und ehe Sie lachen, prüfen Sie einmal, ob es bei Ihnen nicht auch der Fall ist. Bleiben wir

nur bei der Partnerschaft: Sind Sie vielleicht in einer Partnerschaft und wissen, es stimmt gar nichts mehr? Dann müßten Sie eine Entscheidung treffen, und es gäbe ewige Diskussionen mit Tränen und Auseinandersetzungen. Dann müßte die Firma vielleicht geteilt werden. Soweit wollen Sie nicht denken. Da machen Sie lieber weiter, vielleicht klappt es ja irgendwann wieder.

Also, viele Menschen verfolgen einen Weg, der nie und nimmer zum Ziel führen kann, wie der Mann in diesem Zug. Über den können wir gut lachen - und tun selbst immer wieder Ähnliches.

Wenn Sie sich wirklich sicher sind, was Sie erreichen wollen, wenn Sie jetzt ein konkretes Ziel vor Augen haben, dann könnten Sie gleich, jetzt und hier, verursachen, daß Sie dieses Ziel sicher erreichen. Dem Leben ist es völlig gleich, ob es ein kleines oder ein großes Ziel ist. Die Frage ist nur, kann *ich* es glauben. Wenn es innerhalb der Grenzen *meines* Glaubens ist, kann es so groß sein, wie es will. Dann erreiche ich es. Und wenn es ein ganz kleines Minizielchen ist, aber Sie glauben nicht daran, werden Sie auch das nicht erreichen. Die Größe des Ziels ist nicht entscheidend, sondern der Umfang Ihres Glaubens. Können Sie das glauben? Glauben steht nun einmal bei rational orientierten Menschen heute nicht mehr so hoch im Kurs, aber er ist entscheidend. Das müssen wir wieder lernen.

Der feste Wille

ist der *fünfte* Schritt zum Erfolg.

Ich muß etwas wirklich *wollen*. Nur *möchten* genügt nicht.

Fast alle Menschen *versuchen* gelegentlich etwas im Leben.

Ich sage Ihnen: *Versuchen* Sie nie mehr etwas in Ihrem Leben. *Tun* Sie es, oder lassen Sie es bleiben. Wann immer Sie etwas versuchen, steckt der Zweifel drin, es könnte klappen, aber vielleicht klappt es auch nicht.

Sie aber sind ein Schöpfer. Ein Schöpfer braucht nichts zu versuchen. Ein Schöpfer tut etwas oder läßt es. Gehen Sie also in diese Bestimmtheit, in diese Klarheit. Wenn Sie in dieser Klarheit sind, sind Sie im Selbstbewußtsein und nicht im Egobewußtsein. Und dann tun Sie es, und es geschieht.

Machen Sie sich bewußt: Wann immer Sie ein Ziel vor Augen haben oder einen Wunsch hegen - haben Sie auch die Fähigkeit und die Möglichkeit, diesen Wunsch zu verwirklichen, dieses Ziel zu erreichen. Also, was immer Ihnen in den Sinn kommt, es ist möglich. Und es ist *jetzt* möglich, in dem Augenblick, in dem es Ihnen in den Sinn kommt.

Wenn Sie darüber nachdenken, daß Sie gern Ihre Schulden bezahlen würden, um nach Mikronesien zu gehen, dann sagt das Leben Ihnen: »Ich gebe dir das ins Bewußtsein, weil es jetzt geht.« Schon erledigt, wunderbar.

Wenn Sie aber sagen: »Das wäre aber wunderschön.« Schon sind Sie aus dem schöpferischen Bewußtsein heraus. Oder Sie sagen: »Ja, das versuche ich. Das wäre gut.« Das reicht nicht. Das ist *möchten*. Ein Schöpfer möchte nicht. Ein Schöpfer sagt ja oder nein, so wie Jesus in der Bibel: »Eure Rede sei ja, ja, nein, nein« - also ganz klar: dafür oder dagegen.

Ein Weg, etwas wirklich zu wollen, die Ursache dafür zu schaffen, ist, sich einmal ganz lebendig in die Erfüllung zu versetzen, sich vorzustellen: Es ist erreicht. Ich habe erreicht, was ich will. Ich bin am Ziel. Ich bin in Mikronesien. Jetzt schaue ich zurück, wie ich es erledigt habe. Ich denke vom Ziel aus. Ich versetze mich in den Zustand der Erfüllung und spüre von dort her - kann sogar zurückschauen, mich erinnern - was zu tun war, um an dieses Ziel zu kommen. Und dann erreiche ich es.

Vorhin wurden die unterschiedlichen Willensqualitäten angesprochen. Vielleicht sollten wir einige Augenblicke dabei verweilen und sie uns bewußtmachen. Das, was wir gewöhnlich mit »Wille« bezeichnen, ist im Tagesbewußtsein wirksam. Es ist der bewußte Wille, der für eine beabsichtigte Handlung zur Verfügung steht. Hinter diesem bewußten Wollen steht oft ein sehr viel mächtigeres unbewußtes Wollen, das das Gemüt bewegt, unsere Stimmung beeinträchtigt, die Kraft der Gefühle aktiviert. Vielleicht ist es sogar mit dem Trieb verbunden. Es entstehen Affekte und impulsives Handeln. Das kommt aus dem Unterbewußtsein.

Und über all dem steht der überbewußte, zentrale Wille des ICH BIN, des wahren Selbst. Wenn Sie aus diesem Willen heraus handeln, dann stimmt es nicht nur, dann können Sie auch die beiden anderen Willensaspekte überzeugen und in Einklang bringen mit diesem Willen des ICH BIN. Und diese drei Willensfunktionen - des bewußten Wollens, des unbewußten Wollens und des wahren Wollens, (das ist das Wollen des wahren Selbst) - die sollten eine Einheit bilden, in eine Richtung gelenkt werden. Das gelingt Ihnen nur, wenn Sie Sie selbst sind. Wenn Sie sich immer wieder an sich selbst erinnern, an den, der Sie wirklich sind, und als der Sie handeln.

Wenn Ihnen der Unterschied zwischen Wollen und Möchten noch nicht ganz klar ist, dann gibt es da eine Zen-Geschichte, die das verdeutlicht:

Ein Meister und sein Schüler gehen an einem Fluß entlang, als der Schüler den Meister fragt: »Meister, wie werde ich erleuchtet?« Und der Meister faßt den Schüler am Kragen, zieht ihn zum Ufer und drückt seinen Kopf vollständig unter Wasser. Nach einer Weile fängt der Schüler an, um sich zu schlagen und versucht verzweifelt, sich zu befreien, vergeblich. Schließlich, als er schon dem Ertrinken nahe ist, läßt der Meister los. Der Schüler schießt, nach Luft schnappend, aus dem Wasser. Als er sich gefaßt hat, fragt ihn der Meister: »Was ist in dir vorgegangen, als ich dich unter Wasser gedrückt habe?« Und der Schüler sagt: »Anfangs gingen mir alle möglichen Gedanken durch den Kopf. Als Sie dann nicht losließen, da erfüllte mich nur noch ein Wunsch: Luft, Luft, ich brauche Luft.« Nun sagt der Meister: »Wenn du mit der gleichen Intensität nach deinem Ziel strebst, kannst du es nicht mehr verfehlen.«

Genau das ist es: Alle Nebensächlichkeiten müssen sich dem einen Ziel unterordnen.

Sie können sich vorstellen: Wenn Sie mit dieser Intensität etwas wirklich wollen, dann kann nichts widerstehen. Da können die Umstände noch so ungünstig sein, die Zeit falsch, das System falsch, die wirtschaftliche Situation falsch - wenn Sie etwas wirklich wollen, werden Sie mit dieser Intensität alle Hindernisse zur Seite schieben.

Und dann sagen wir: Der ist erfolgreich.

Seien Sie also so jemand.

Erfolgshindernisse auflösen

Der *sechste* Schritt bedeutet also seine Vergangenheit loszulassen und von gebundenen Energien wie Ärger, Angst, Schuldgefühlen, Leid, Haß, Streß frei zu werden.

Wir sind auf jede Überraschung vorbereitet. Nur die alltäglichen Dinge brechen über uns herein wie Katastrophen. Wir müssen also dafür sorgen, daß wir frei sind für das, was jetzt geschieht. Dazu gehört auch die Erkenntnis, daß uns auf unserem Weg nur das begegnen kann, was in uns ist. Wenn also in Ihnen Ängste sind, dann werden sich diese Ängste früher oder später selbst erfüllen. Wenn Sie aggressiv oder ablehnend sind, dann werden Ihnen zwangsläufig

Ablehnung und Aggression entgegenschlagen. Prüfen Sie also Ihre geistige Haltung und schauen Sie, wo noch Bereiche sind, in denen es nicht stimmt, in denen Sie blockiert, gehemmt sind.

Überlegen Sie doch einmal, was es mit den Dingen in Ihrem Leben auf sich hat, die nicht so gelaufen sind, wie Sie es gerne gehabt hätten - sogenannte Mißerfolgsmechanismen. Vielleicht sogar Erlebnisse, in denen immer wieder das gleiche passiert ist. Zum Beispiel die Klage eines Handwerkers: »Mir passiert immer wieder dasselbe. Ich komme zum Kunden und werde freundlich empfangen. Er zeigt Interesse an meinem Produkt. Wir sind uns im Prinzip einig. Dann sagt er: »Ja, aber ich möchte es noch einmal überschlafen. Ich möchte heute noch nicht zum Abschluß kommen.« Wenn es einem zwanzig-, dreißigmal passiert ist, dann fragt man sich doch: »Was steckt dahinter? Wieso passiert mir das immer wieder?« Man spricht mit anderen darüber: »Gut, das ist mir auch schon passiert, aber ich kann mich nicht erinnern, daß es sich häuft.« Das wäre solch ein Mißerfolgsmechanismus.

Wir können auch eine andere Situation nehmen, die Partnerschaft. Sie gehen aus und tanzen mit den tollsten Frauen. Sie verabreden sich mit ihnen. Ihre Freunde beneiden Sie. Sie hätten sich gar nicht getraut, die Frauen anzusprechen. Das funktioniert; aber beim zweiten Mal will keine Frau mehr etwas von Ihnen wissen. Was ist los? Dahinter steht irgendein Mechanismus, ein Hindernis. Das müssen Sie herausfinden. Schauen Sie in den nächsten Tagen und Wochen die einzelnen Bereiche Ihres Lebens in Ruhe an, ob Sie solche Blockaden finden.

Das gilt für Partnerschaft, Familie, Freunde, Freizeit, Beruf, Karriere, Gesundheit, Leistungsfähigkeit, Wohlgefühl oder wirtschaftliche Dinge wie Besitz und Vermögen, denn sehr oft passiert es, daß man nur in einem Bereich Schwierigkeiten hat, während in den anderen Bereichen alles wie geschmiert läuft.

Vielleicht sagt jemand: »Egal, was ich mache, es funktioniert, selbst wenn es anfangs nicht so aussah« oder »ich habe da investiert aus völlig falschen Überlegungen heraus - wie sich nachher zeigte. Aber durch Änderung der Umstände ist es trotzdem ein Erfolg geworden.« Da müssen wir doch merken: Der Mechanismus liegt in *uns*. *Wir* verändern oder beeinflussen die Umstände. Es liegt an unserer Ausbildung, persönlichen Entwicklung, unserer Erkenntnis der gelebten Weisheit - kurzum: an unserer spirituellen Entwicklung.

Prüfen Sie einmal alle diese Bereiche, und wenn Sie fünfzig oder mehr Dinge aufgeschrieben haben, die in Ihrem Leben schief gelaufen sind, dann ordnen Sie sie diesen Bereichen zu, und Sie werden sehen: Da hat sich ein Schwerpunkt gebildet. In einem Bereich sind die auffallend häufigsten Mißerfolge. Da also liegt eine Hemmung, eine Blockade, ein Hindernis. Und wenn Sie sehen, wozu das geführt hat, dann können Sie auch ableiten, wie dieses Hindernis aussehen muß. Und werden es finden. Es kommt also darauf an, den geistigen Sperrmüll hinauszuwerfen.

Machen Sie sich auch bewußt, daß alles, was Ihnen widerfährt, ganz gleich, was es ist, Ihnen helfen will, erfolgreicher zu sein. Und Sie können alles nutzen, um erfolgreicher zu sein. Sie brauchen es nur zu tun. Alles will Ihnen helfen. Eine trübe Erfahrung genauso wie eine gute.

Also machen wir uns als erstes die Mißerfolgsmechanismen bewußt. Dafür schreiben Sie die Liste, wie oben erklärt. Anschließend ordnen Sie die Punkte den einzelnen Lebensbereichen zu, damit Sie die Schwerpunkte erkennen. Wo ist in Ihrem Leben Handlungsbedarf? Und dann erkennen Sie, daß jeder Mißerfolg eine Botschaft ist. Was will sie Ihnen sagen? Warum passiert Ihnen das oder das immer wieder? Welche Konsequenz ergibt sich daraus? Sie sollten natürlich eine Konsequenz ziehen. Wenn Sie immer wieder auf einer Treppe stolpern, könnte die Botschaft lauten, auf dem Weg nach oben achtsamer zu sein. Oder aber sich zu fragen, ob Sie überhaupt dort hinwollen. Nach oben, klar. Aber wollen Sie da wirklich hin? Es kann nämlich sein, daß einer sagt: »Na ja, ich will natürlich befördert werden, Sachbearbeiter, Abteilungsleiter, Direktor, Generalbevollmächtigter. Und dann sitzt er da, hat einen fünfzehn Stunden Arbeitstag, keine Zeit für seine Familie, für seine Hobbys. Die Gesundheit läßt zu wünschen übrig. Die Situation ist angespannt, er muß da durch. Die anderen wackeln an seinem Stuhl, und er fragt sich: »Moment, da habe ich jetzt zwanzig Jahre meines Lebens investiert. Jetzt bin ich am Ziel, aber da will ich überhaupt nicht hin, oder nicht mehr hin. Ich lebe überhaupt nicht mehr. Ich habe jetzt zwar fünf- oder zehnmal so viel Geld wie vorher, aber keine Zeit mehr, es auszugeben. Ich muß meine Sekretärin schicken, mir einen Anzug zu kaufen, weil ich nicht weg kann.«

Also sollten Sie zuerst einmal prüfen, ob Sie da wirklich hinwollen.

Und wenn es noch irgendwelche Hindernisse auf Ihrem Weg zum Erfolg gibt, dann ist es jetzt an der Zeit, sie sich bewußt zu machen und sie aufzulösen. Dazu gehört zum Beispiel die Überprüfung des Bekanntenkreises. Machen Sie sich doch gelegentlich einmal eine Liste aller Menschen, die Sie kennen und mit denen Sie gelegentlich zu tun haben, und prüfen Sie ernsthaft: Was haben Sie davon, mit diesem Menschen weiter in Kontakt zu bleiben? Was hat diese oder jene Bekanntschaft für einen Sinn? Wenn Sie erkennen, die Bekanntschaft hat einen Sinn, dann sollten Sie dankbar dafür sein und sie mit diesem Sinn erfüllen. Wenn Ihnen aber klar wird, Sie haben sich irgendwann einmal kennengelernt, sich aber heute nichts mehr zu sagen, dann sollten Sie den Mut haben, diese Bekanntschaft zu beenden.

Schauen Sie sich auch ernsthaft Ihre Partnerschaft an. Prüfen Sie wirklich alles, auch die Beziehungen zu Ihren Eltern, zu den

Geschwistern. Haben Sie den Mut, alles ins Bewußtsein zu nehmen und alles für möglich zu halten, um dann das Notwendige zu tun.

Wenn Sie Ballast abwerfen wollen, dann darf es keine Bereiche geben, die Sie sich scheuen, anzuschauen. Dann sollten Sie wirklich jeden Bereich prüfen.

Stellen Sie sich vor, Sie sind auf einer Wanderschaft durch das Leben und tragen einen Rucksack auf dem Rücken. Die Hälfte des Rucksacks ist gefüllt mit Steinen, die völlig sinnlos sind, nur schwer. Dann steht die Entscheidung an, den Ballast abzuwerfen.

Solchen Ballast schleppen wir alle mehr oder weniger mit uns herum. Dinge, die vielleicht einmal ihren Sinn hatten, oder sogar nie; und Sie sollten jetzt bereit sein, diesen Ballast abzuwerfen.

Machen Sie auch eine Liste der Gewohnheiten, die Sie auf dem Weg zum Erfolg ablegen sollten; denn alles, was nicht stimmt, hemmt oder verhindert Ihren Erfolg.

Die inneren Voraussetzungen schaffen

Schauen wir zum nächsten Schritt, dem *siebten*. Es ist der letzte der Vorbereitungsphase, und gehört unbedingt zum Erfolg: Sich magnetisch für den Erfolg zu machen.

Wie wir immer wieder gehört haben, ist eines der Geheimnisse auf diesem Weg, sich selbst zu achten. Fangen wir doch gleich einmal an: Machen Sie eine Liste und suchen Sie zehn positive Eigenschaften von sich. Manche haben vielleicht Schwierigkeiten, zehn zu finden, während andere sagen werden: »Zehn, meine Güte, ich habe ja so viele. Welche soll ich denn nehmen?« Es dürfen also auch mehr als zehn sein.

Die meisten werden sich noch nie im Leben ihre positiven Eigenschaften bewußt gemacht haben. Und während Sie so Seite um Seite vollschreiben, sollten Sie natürlich auch den Mut haben, diese Eigenschaften beim Namen zu nennen.

Hier ein paar Beispiele:
Hilfsbereit, ehrlich, fleißig, abgeben können, liebevoll, kreativ, geduldig, Willenskraft, Toleranz, Ausdauer, Herzlichkeit, Charme, Begeisterungsfähigkeit, in Lösungen denken, humorvoll.

Den Humor werden Sie jetzt brauchen, denn jetzt frage ich Sie: »Welches sind Ihre negativen Eigenschaften?«

Jetzt erzähle ich Ihnen etwas von einem meiner Seminare.

Wir hatten als einzige negative Eigenschaft Faulheit, wobei ich das eher auf die Liste der positiven Eigenschaften setzen möchte, denn alle großen Errungenschaften der Menschen sind aus Faulheit entstanden. Irgendwer wollte sich nicht mehr die Arbeit machen, hinter dem Ochsen herzugehen, um zu pflügen. Das war die Geburtsstunde des Traktors.

Setzen wir Faulheit als Grundtugend vor die Kreativität. Wenn ich zu faul bin, muß ich mir Gedanken machen, wie ich es mir leisten kann, faul zu sein. Wenn ich nachdenke, kommt oft etwas Sinnvolles heraus.

Weitere Beispiele wären Undiszipliniertheit, Sichtreibenlassen. Oder Jähzorn.

Und dennoch meine ich: Das alles sind keine negativen Eigenschaften, sondern hilfreiche Lehrer auf dem Weg, sind Aufgaben,

Gaben, die mir aufgegeben sind, um mehr zu mir selbst zu kommen. Finden Sie also ruhig noch ein paar scheinbar negative Eigenschaften.

Neid? Aha.

Neid ist eines Gottes unwürdig. Alles, worum Sie einen anderen beneiden, können Sie selbst verursachen.

Schauen Sie einmal die beiden Listen an, die Sie bis jetzt haben und später vervollständigen können. Die positive Liste hilft Ihnen, Bilanz zu ziehen, was Sie schon erreicht haben, sich an dem Erreichten zu freuen und Achtung vor sich selbst zu haben. Die negative Liste ist eine Aufstellung Ihrer Aufgaben, der Lektionen, die noch vor Ihnen liegen. Und Sie können wählen, welche Sie jetzt ins Bewußtsein nehmen wollen, mit welcher umgehen, können die Reihenfolge bestimmen, können etwas tun, ehe es das Schicksal Ihnen aus der Hand nimmt und Sie dann vor vollendete Tatsachen stellt.

Wenn Sie hinschauen, sehen Sie, daß Sie, wenn Sie richtig damit umgehen, von der negativen Liste mehr profitieren können als von der positiven.

Damit mehr Freude in Ihr Leben kommt, machen Sie noch eine weitere Liste. Die Liste Ihrer Erfolge. Was haben Sie im Leben schon alles erreicht? Welche Aufgaben haben Sie erfolgreich gelöst, welche Ziele erreicht? Welche Schwierigkeiten bewältigt? Welchen Versuchungen haben Sie diszipliniert widerstanden? Kurzum, stellen Sie beide Listen gegenüber: Dann werden Sie sehen, daß da ein Mißverhältnis besteht: Sie haben sehr viel mehr erreicht, als derzeit noch zu erreichen ist. Und das sollte Ihnen zu denken geben. Das gibt Ihnen ein neues Selbstwertgefühl, indem Sie erkennen, was Sie schon alles geschafft haben.

Ich möchte Ihnen jetzt noch einen Weg zeigen, wie Sie Ihren Erfolg auf eine Art und Weise, die mich wegen ihrer Einfachheit immer wieder verblüfft, verursachen können. Man traut sich gar nicht, sie Weg oder Technik zu nennen, obwohl sie sehr effektiv ist.

Finden Sie jetzt sofort heraus, was Sie als Ihren persönlichen Erfolg verwirklichen wollen, ganz gleich, was es ist. Schreiben Sie es in die Mitte eines neuen Blattes als Gegenwart: Ich bin..., es ist..., ich tue..., ich erlebe...

Zum Beispiel:

Ich bin Besitzer eines Jaguars.

Im Moment nur ein Ziel aufschreiben. Lassen Sie rundherum ein bißchen Platz. Schreiben Sie nur in die Mitte. Jetzt schauen Sie auf das, was Sie geschrieben haben. Sie lesen es immer wieder, schauen auf Ihr Ziel und umkreisen es in Gedanken ständig. Linksherum, das bedeutet: nehmen, holen, in Ihr Leben ziehen.

Es sei denn, Sie haben eine lästige Eigenschaft, die Sie loswerden sollen, dann sollten Sie rechtsherum kreisen.

Worauf es jetzt ankommt, ist, daß Sie sich nicht ablenken lassen von den Worten, die Sie auf das Blatt geschrieben haben. Sie schauen sie an und kreisen und kreisen, minutenlang. Lassen Sie am besten das Kreisen ganz automatisch werden, während Sie ihr Bewußtsein erfüllen mit dem, was Sie aufgeschrieben haben.

Werden Sie eins mit dem, was Sie da stehen haben. Tauchen Sie ganz darin ein, während Sie es umkreisen. Finden Sie Ihre Geschwindigkeit, Ihren Rhythmus, bleiben Sie drin. Und spüren Sie dabei, was geschieht und wie das, was Sie geschrieben haben, ein Teil Ihrer Wirklichkeit wird. Es beginnt sich nämlich schon im gleichen Augenblick zu verwirklichen. Nicht ablenken lassen, nur auf diesen Kreis schauen und spüren, wann es sich verwirklicht hat, wann es erledigt ist. Kreisen Sie solange, bis Sie spüren, es ist vollbracht, es ist geschehen. Es kann unter Umständen dreißig Minuten dauern, bis Sie erkennen, es ist geschehen. Normalerweise dauert es drei bis fünf Minuten. Also noch ein bißchen weiterkreisen. Und Hunderte von Malen nehmen Sie immer wieder das in Ihr Bewußtsein, was Sie da geschrieben haben. Spüren Sie, wie Sie es damit in Ihr Leben holen, wie es zu Ihnen gehört, wie es sich in Ihrem Leben verwirklicht, weil Sie, ein Schöpfer, es gerade verursacht haben.

Wenn Sie damit fertig sind, spüren Sie, daß sich etwas verändert hat und Sie etwas auf einem unglaublich einfachen Weg in Ihr Leben gezogen haben, das damit Teil Ihrer Wirklichkeit ist und somit in Erscheinung treten muß. Bleiben Sie also in diesem schöpferischen Bewußtsein, indem Sie wissen: Ich bin der Schöpfer. Wenn ich das Wort spreche, muß das Leben das hervorbringen, was das Wort beinhaltet. So wie es in der Bibel heißt: Herr, sprich nur ein Wort, und ich bin gesund. Genauso haben Sie als Schöpfer die Macht, das Wort zu sprechen. Das Wort sprechen heißt, Ihr schöpferisches Bewußtsein auf einen Punkt zu richten. Und das genau ist das Geheimnis der Wirksamkeit dieser Methode. Sie halten plötzlich statt vorher sekundenlang jetzt minutenlang Ihr Bewußtsein auf den erwünschten Endzustand ausgerichtet. Sie tun es so lange, bis Sie spüren, die Energie hat es vollbracht. Es ist verursacht. Wie der Bauer, der gesät hat, weiß, seine Arbeit ist getan. Den Rest erledigt die Natur. Sie können es beliebig oft wiederholen, aber für eine Sache brauchen Sie normalerweise nur ein einziges Mal. Wenn Sie es lange genug gemacht haben, bis Sie gespürt haben, es ist erledigt, ist es erledigt. Sie können nachher etwas Neues aufschreiben.

Dies ist für mich die schnellste Methode, um eine neue Wirklichkeit in mein Leben zu ziehen. Sorgen Sie dafür, daß das, was Sie in Ihr Leben ziehen, für Sie stimmig ist, denn Sie werden es bekommen.

Teil II

Der Weg zur Vollendung

Wir haben im ersten Teil die sieben Grundschritte des Erfolges gelernt:

1. Erfolg - was bedeutet das für mich?
2. Wohlstandsbewußtsein entwickeln.
3. Der Glaube an sich selbst und seinen Erfolg.
4. Zielklarheit. Was ist mein persönliches Ziel jetzt und bis wann?
5. Der feste Wille: Wollen und nicht nur möchten, sondern als Schöpfer das Wort sprechen und wissen, daß es ist.
6. Erfolgshindernisse auflösen.
7. Die inneren Voraussetzungen für den Erfolg schaffen

- wobei Schritt sieben noch nicht abgeschlossen ist.

Wir haben auch eine Reihe Hausaufgaben notiert, die Sie, wenn Sie gründlich sind und dieses Fundament sorgfältig erarbeiten, noch einige Wochen beschäftigen werden. Wenn Sie aber wirklich erfolg-reich-sein wollen, dann müssen Sie jetzt einen Quantensprung im Bewußtsein vollziehen, und zwar gleich von Anfang an. Das heißt, Sie machen den Schritt vom Lernen zum sofortigen Vollziehen im Bewußtsein. Damit will ich sagen: Es gibt keine Zeiten, in denen wir lernen und solche, in denen wir nicht lernen, sondern das Leben wird zu einem ständigen Lernprozeß. Jede Information wird sofort im Bewußtsein vollzogen und ist somit sofort fertig. Es gibt nichts zu vollenden. Alles ist sofort geschehen. Das erfordert natürlich eine völlig neue Haltung im Bewußtsein. Das bedeutet auch, leben und lernen in Punktzeit. Jeder Augenblick ist in sich abgeschlossen, be-inhaltet alles. Es gibt nichts, was in Zukunft zu tun wäre. Es gibt nichts, was aus der Vergangenheit noch zu lernen wäre. Wir sind in jedem Augenblick in Punktzeit auf dem Laufenden. Das heißt, auch der kürzeste Zeitabschnitt unseres Lebens ist in diesem neuen Be-wußtsein, in dieser Dimension, in sich abgeschlossen und vollendet.

Wir nehmen nichts in den nächsten Augenblick mit. Wir gehen immer leer und offen in den nächsten Augenblick. Das bedeutet, daß wir die restlichen dreiundzwanzig Schritte dieses Buches nicht mehr in der üblichen Art lernen, sondern mit jedem weiteren Erfolgsschritt unsere Lektion um diesen Schritt erweitern, bevor wir zum nächsten gehen. Alles ist sofort zu tun und getan. Es gibt nichts, was vor uns liegt, was aufgeschoben wird, was noch erarbeitet werden müßte oder gelernt werden sollte. Wir sind ständig bereit, den nächsten Schritt zu tun. Aber wir gehen erst weiter, wenn wir den Schritt getan haben. Das ist das Ziel dieses Buches: Eintreten in die Dimension Erfolg durch Bewußt-Sein.

Das bedeutet auch Informationsvorsprung. Allerdings nicht durch mehr Wissen oder immer schnelleres Wissen, denn Wissen ist immer veraltet, ist immer von gestern, bestenfalls von vorhin, nie von jetzt. Wir werden uns jetzt eine Informationsquelle erschließen, die uns in jedem Augenblick auf dem letzten Stand sein läßt. Das heißt konkret: Informationsvorsprung durch intuitives Bewußtsein. Das erfordert aber, daß Sie wirklich im Hier und Jetzt sind, denn sonst erreicht uns die Intuition nicht. Sie kommt nicht vorhin oder nachher oder gestern oder morgen. Leben, Wirklichkeit, Intuition findet nur jetzt in diesem Augenblick statt. Und Informationsvorsprung durch intuitives Bewußtsein bedeutet etwas ganz Neues, nämlich die Antwort kennen, bevor die Frage gestellt wird. In der Lösung leben, bevor das Problem auftaucht.

Alles ist jetzt, und jetzt ist vollendet in sich. Und nur diese neue Art zu leben macht eine neue Art des Erfolges möglich, nämlich nicht mehr Erfolg zu *haben,* sondern ein erfolgreicher Ausdruck des Lebens = Erfolg zu *sein.*

Das bedeutet natürlich auch, keine Hausaufgaben mehr, nicht nur jetzt, sondern nie mehr. Ohne Achtsamkeit in jedem Augenblick funktioniert das allerdings nicht - daß wirklich jeder Augenblick erfüllt und alles getan ist. Und das führt zwangsläufig dazu, daß sich ein erfüllter Augenblick an den anderen reiht, zu einem erfüllten Leben und damit automatisch zu Erfolg und Erfüllung, ohne daß wir die Erfüllung besonders anzustreben brauchen. Das heißt: Nichts bleibt in diesem Bewußtsein ungetan. Alles geschieht immer sofort und ist sofort vollendet.

Beenden wir noch den siebten Schritt - die inneren Voraussetzungen für den Erfolg zu schaffen. Wir tun es schon in dem neuen Bewußtsein, das ich oben beschrieben habe und das jetzt unser normales Bewußtsein sein sollte.

Zu diesen Voraussetzungen gehört auch, daß wir unsere Stimme, unsere hörbare Visitenkarte, schulen. Jeder Mensch reagiert auf die Stimme eines anderen. Sie brauchen nur einmal den Armtest zu machen, um zu sehen, wie Sie auf die verschiedenen Stimmen reagieren. Seien Sie bitte nicht enttäuscht, wenn Sie feststellen, daß Sie nicht automatisch auf Ihre eigene Stimme stark testen. Wenn dem so ist, sollten Sie das ändern.

Der einfachste Weg, und gleichzeitig immer noch der effektivste, ist, die eigene Stimme auf Tonband aufzunehmen. Lassen Sie, zum Beispiel wenn Sie Besuch haben, das Tonband mitlaufen. Oder wenn Sie telefonieren, bei Kundengesprächen, schneiden Sie es mit. Anschließend natürlich wieder löschen. Es geht nur darum, sich einmal bewußt zuzuhören: Wie spreche ich? Wie spreche ich mit meinem Partner, einem Kunden, meinen Eltern? Wie spreche ich am Telefon? Sie werden feststellen, es gibt kaum einen anderen Bereich, in dem man soviel für seinen Beruf, für seinen Erfolg tun kann wie über die Stimme. Und es gibt keinen Bereich, bei dem der Erfolg schneller sichtbar, spürbar wird, denn mit Ihrer Stimme üben Sie einen direkten Einfluß auf den anderen aus.

Aber es kommt auch darauf an, aus welchem Zentrum, von welchem Bereich aus Sie sprechen.

Bitte nehmen Sie Ihren Partner, Ihre Partnerin, einen Freund - oder wen auch immer - und versuchen Sie, mit ihr oder ihm aus dem Bewußtsein zu sprechen. Um es Ihnen etwas leichter zu machen, einige Beispiele aus einem meiner Seminare:

Ich bat einen Teilnehmer, nach vorne zu kommen und folgende Sätze aus dem Bewußtsein zu sprechen:
»Wie sagt man so schön. Nichts kann einem etwas anhaben. Selbst wenn man einmal etwas falsch macht, macht man sich stimmig. Man erkennt: Das war jetzt falsch. Das war ein Fehler, aber man sieht nicht sich als Fehler. Das ist ein ganz tolles Gefühl.«

Merken Sie, liebe Leserin, lieber Leser - das war aus dem Bewußtsein gesprochen. Ganz ideal ist, wenn Sie noch einen Schritt weitergehen, nämlich aus dem Herzen zu sprechen. Sie brauchen nicht zu üben oder zu lernen, wie es geht. Sie brauchen es nur zu wollen. Sie, als Schöpfer, beschließen: Jetzt verlagere ich das Zentrum, aus dem ich handle, in mein Herz und spreche zu den anderen Menschen aus meinem Herzen. Und selbstverständlich machen Sie nie mehr den Fehler, sich vorher zu überlegen, was Sie sagen wollen. Dann würden Sie zum geistigen Wiederkäuer. Wenn Sie aus dem Bewußtsein sprechen oder aus dem Herzen, brauchen Sie nicht zu überlegen. Sie brauchen nur das in Worte zu kleiden, was Ihr Herz Ihnen gerade eingibt.

Hier ein Seminarteilnehmer aus Bayern:
»Ein herzliches Grüß Gott Ihnen allen. Ich bin froh und glücklich, daß ich mit Ihnen hier das Seminar erleben darf. Es ist bestimmt eine ganz große Bereicherung für unser Leben. Wir gehen alle mit einer ganz anderen Einstellung, mit einem ganz anderen Bewußtsein wieder ins tägliche Leben. Ich bin froh und dankbar dafür.«

Nun, Sie merken - das war aus dem Herzen gesprochen. Jetzt könnte die Krönung noch kommen, indem wir diese beiden Bereiche miteinander verbinden und liebevolles Bewußtsein sind, wann immer wir sprechen.

Dann faßte sich ein Herr ein Herz, kam nach vorne und sprach aus liebevollem Bewußtsein zu den anderen:

»Ich sitze zum ersten Mal vor so einer Runde. Es ist ein Riesengefühl. Wenn ich die Leute jetzt alle so anschaue, finde ich es ganz toll. Vor allen Dingen deshalb, weil mir alle so sympathisch sind. Jetzt, wenn ich Sie so nah sehe, dann sehe ich eigentlich jeden einzelnen. Vorher waren Sie alle eine Gruppe. Jetzt sind Sie einzelne Menschen, denen es allen genauso geht wie mir. Ich darf Ihnen allen recht herzlich danken, daß ich bei Ihnen sein darf.«

Wenn Sie auf diese Weise alle Erfahrungen immer gleich vollziehen im Bewußtsein und umsetzen im Leben, dann konkurrieren Sie natürlich nie mehr mit einem anderen. Dann brauchen Sie kein Vorbild. Dann sind Sie ständig Ihr eigenes Vorbild, konkurrieren nur noch mit sich selbst. Und Sie versuchen auch nicht, heute besser zu sein als gestern und morgen besser als heute, versuchen nie mehr, besser zu sein als irgendwer, nicht einmal besser als Sie selbst. Sie sorgen nur noch dafür, daß Sie stimmen, daß Sie so sind, wie Sie sind, echt, ehrlich, authentisch - mit einem Wort: stimmig. Und das in jedem Augenblick.

Und dann geht es auch nicht darum, ob ein Versuch gleich auf Anhieb gelingt oder mißlingt. Es geht darum, daß Sie es getan haben, daß Sie diese Erfahrung haben lebendig werden lassen. Da Sie mit niemandem konkurrieren, nicht einmal mit sich selbst, steht jede Erfahrung einmalig im Raum. Damit ist sie immer vollkommen. In dieser Vollkommenheit, in diesem Bewußtsein, läßt es sich leben, läßt es sich herrlich leben. Das ist das, was ich meine, wenn ich davon spreche, in der Leichtigkeit des Seins zu leben. Sie haben immer nur diesen einen Augenblick vor sich, nicht zwanzig Termine, die Sie heute noch erledigen müssen, oder die Überraschung, die die nächste Woche bringen kann. Sie haben nur diesen Augenblick. Diesen Augenblick haben Sie gerade schon in diesem Augenblick erfüllt. Sie haben wieder einen einzigen Augenblick vor sich und den erfüllen Sie. Und das ist das ganze Geheimnis.

Jetzt spüren Sie einmal bei sich, wo Ihr Erfolgsbewußtsein ist. Wenn Sie es lokalisieren in Ihrem Sein, ist dann Ihr Erfolgsbewußtsein im Bauch, im Herzen, im Kopf, über dem Kopf, überall? Spüren Sie einmal genau hin. Lokalisieren Sie: Wo ist mein Erfolgszentrum? Aus welchem Bereich meines Seins lebe ich, handle ich, bin ich erfolgreich?

Einer meiner Seminarteilnehmer antwortete auf die Frage: Wie ist das bei Ihnen?

»Ich kann es nicht genau sagen. Seitdem ich hier bin, habe ich das Gefühl, daß in mir etwas furchtbar reißt. Ich habe einen Druck und das Gefühl, auseinanderzubersten.«

Danke. Genau das ist es. Das Herz, und das sollte bei einigen jetzt der Fall sein, wird weit. Natürlich nicht das Organ Herz. Hier wirkt jetzt eine ganz hohe Energie. Hier wird Energie frei. Hier wird Liebe frei. Liebe strömt ins Bewußtsein und expandiert, dehnt sich aus. Unser Energiekörper hat Mühe, das so schnell nachzuvollziehen. Aber er kann es und es schadet nicht. Im Gegenteil, es tut gut. Ich hoffe, es geht einigen so, daß Sie weit werden, so wie Sie auch in der Meditation weit werden können.

Jetzt spüren Sie einmal: Wo sollte das Zentrum meines Erfolges sein? Stimmt es dort, wo es ist, oder gehört es woanders hin? Oder gehört ein anderer Bereich dazu?

Beziehen Sie diesen Bereich jetzt mit ein in das Zentrum Ihres Erfolges. Sie wissen doch - wir tun ab sofort immer alles sofort! Und das Zentrum Ihres Erfolgs sollte identisch sein mit dem Zentrum Ihres Seins. Dann sind Sie im Einklang mit sich selbst. Wenn das nicht der Fall ist, dann bringen Sie sich gleich in Einklang mit sich selbst. Im Idealfall ist es so: Während Sie die Information lesen, geschieht es gleichzeitig. Sie sind dann wirklich in der Punktzeit, keine Sekunde hinterher. Es ist gesagt und geschehen, gesagt und vollzogen.

Genau das möchte ich bei Ihnen erreichen. Das heißt, dieses Buch ist weniger eine Information über Erfolgstechniken, obwohl es das auch ist, als viel mehr ein Bewußtseinstraining, denn aus diesem veränderten Bewußtsein heraus ist Erfolg etwas ganz Selbstverständliches. Es gibt keine andere Alternative mehr in diesem Bewußtsein als erfolgreich zu sein, denn wenn ich stimme, muß alles rundherum auch stimmen, und dann ist das, was ich zum Ausdruck bringe, stimmig.

Wenn also jetzt das Zentrum Ihres Erfolges identisch ist mit dem Zentrum Ihres Seins, dann handeln Sie - reden, denken, fühlen - aus diesem Zentrum heraus. Ihr ganzes Sein drückt sich aus, aus diesem Zentrum. Sie sind im Einklang mit sich selbst.

Jetzt üben wir noch Geistesgegenwart. Das Wort beinhaltet eigentlich schon das ganze Geheimnis. Wenn jemand geistesgegenwärtig ist, dann heißt das: Sein Geist ist im Hier und Jetzt, ist voll da, und er kann ganz aus dieser Geistesgegenwart heraus handeln. Erfüllen Sie einmal Ihr ganzes Sein mit diesem Geist, der Sie sind. Spüren Sie Ihren Geist in den Fußsohlen, im Bauch, im Herzen, in den Händen, im Kopf. Machen Sie sich diesen Geist überall bewußt.

Schauen Sie in jeden Winkel Ihres Seins und sorgen Sie dafür, daß Sie überall geistesgegenwärtig sind, daß der Geist überall gegenwärtig ist. Ganz gleich, wohin Sie schauen, sorgen Sie dafür, daß Ihr Geist vor Ihnen da ist. Erfüllen Sie so Ihr ganzes Sein mit sich selbst.

Spüren Sie einmal bewußt, was es bedeutet: Geistesgegenwart. Und jetzt lassen Sie diesen Geist, der Sie sind, über die Grenzen Ihres Körpers hinaustreten und hüllen Sie einen anderen Menschen ein, in diesen Geist, in sich selbst. Der Mensch muß nicht anwesend sein. Beziehen Sie einmal einen anderen Menschen, Ihren Partner, Ihre Mutter, einen Kunden, einen Nachbarn, Ihr Kind, mit ein, in diesen Geist, der Sie sind. Und erleben Sie nicht nur Geistesgegenwart, sondern Einheit. Erleben Sie einmal ganz bewußt die Einheit mit einem anderen in dieser erfüllenden Geistesgegenwart. Verschmelzen Sie förmlich mit diesem anderen, bis es keinen Unterschied mehr gibt. Sie sind eins.

Und jetzt erfüllen Sie diesen gegenwärtigen Geist mit einem bestimmten Inhalt, mit Wohlwollen, Sympathie oder mit einer Botschaft, mit Gesundheit, ganz gleich, was Ihnen wichtig ist. Erfüllen Sie sich mit einer bestimmten Qualität und damit auch den anderen, den Sie einbezogen haben in Ihr Bewußtseinsfeld. Und erleben Sie, daß auch der andere erfüllt ist von dieser Qualität, mit der Sie sich gerade erfüllen. Sie erkennen, Ihr Geist ist nicht nur gegenwärtig, er ist *all*gegenwärtig. Und wenn er am anderen Ende der Welt ist, Sie können ihn einbeziehen in Ihr Sein. Damit beeinflussen Sie natürlich den anderen. Und das Wohlwollen, das Sie ihm gerade entgegenbringen, bringt er Ihnen ebenfalls auch entgegen. In diesem Wohlwollen sind Sie eins.

Jetzt übertragen Sie diese Erfahrung auf Ihren persönlichen Erfolg. Beziehen Sie einen Menschen, der für Ihren persönlichen Erfolg wichtig ist, ein in dieses Bewußtseinsfeld, in die Allgegenwart

Ihres Geistes. Erfüllen Sie die Einheit Ihres Bewußtseins mit Stimmigsein, mit Übereinstimmung, mit Einklang. Vielleicht müssen Sie dieses Bewußtsein eine Zeitlang halten, weil der andere sich scheinbar sträubt oder noch nicht ganz im Einklang ist. Bitte halten Sie dieses Feld so lange stimmig, bis das Stimmigsein auch den anderen erfüllt, bis er ebenfalls stimmt. Vorher lassen Sie nicht los. Das hat viele Vorteile, denn wenn Sie dem anderen jetzt im Außen begegnen, erinnert er sich tief in seiner Seele an die Übereinstimmung mit Ihnen. Sie können im gleichen Augenblick dieses Stimmigsein erneuern. Über die Erinnerung können Sie es wieder lebendig werden lassen, und Sie stimmen in dem Augenblick mit ihm überein, in dem Sie mit ihm sprechen, telefonieren, ihm schreiben. Ganz gleich, wer es ist.

Jetzt gehen wir noch einen Schritt weiter. Machen Sie diese Übung gemeinsam mit einigen Menschen, die Ihnen vertraut sind - Ihrer Familie oder Ihrem Freundeskreis. Erfüllen Sie dann den Raum, in dem Sie alle sind, mit Wohlwollen und Sympathie, mit Liebe. Sorgen Sie dafür, daß die Atmosphäre in diesem Raum stimmt, sie so gut ist wie noch nie zuvor in einem Raum. Jeder einzelne der Teilnehmer ist für das Ergebnis verantwortlich. Verlassen Sie sich nicht darauf, was die anderen tun. Sie allein tun alles. Sie allein sorgen dafür, daß es in dem betreffenden Raum stimmt. Während Sie noch die Atmosphäre klären, noch stimmiger werden lassen, sind Sie gleichzeitig Ihr Beobachter, der hinspürt, wie weit es denn schon ist. Wie gut ist die Atmosphäre hier? Hier ist Gutsein.

Vielleicht finden Sie noch das eine oder andere, was verbessert werden könnte, und Sie sorgen dafür, daß auch das stimmt.

Und als letzten Schritt kümmern Sie sich darum, daß die Atmosphäre in einem Raum stimmt, der weit von Ihnen entfernt ist. Vielleicht bei Ihnen zu Hause, bei den Eltern, irgendwo. Von Ihrem Platz aus, in diesem Augenblick, sorgen Sie dafür, daß dort die Atmosphäre stimmt. Und Sie sehen, Sie können es auf jede Entfernung.

Wenn Sie wollen, können Sie in die Atmosphäre eines jeden Raumes eine beliebige Qualität geben. Das kann eine Schwingung der Gesundheit sein, wenn Sie zum Beispiel eine Praxis haben. Sie können Ihre Wohnung mit der Schwingung der Gesundheit erfüllen. Sie schaffen eine Atmosphäre, in der sich jede Zelle Ihres Körpers ausrichtet oder in der ein anderer, für den Sie es tun, wieder in Harmonie kommt und stimmig wird. So können Sie jede beliebige Qualität in die Atmosphäre eines jeden beliebigen Raumes geben.

Nehmen wir einmal an, Sie hätten mit Ihrem Partner etwas zu klären, und Sie würden jetzt in Ihre Wohnung zu Hause die Energie der Klarheit geben und damit das klärende Gespräch zwingend notwendig machen, aber auch gleichzeitig schon - durch diese Energie - den positiven Ausgang sichern.

So könnten Sie von jetzt an die Atmosphäre eines jeden Raumes bestimmen. Zum Beispiel könnten Sie den Treffpunkt mit einem Kunden schon vorher in Harmonie bringen. Auf dem Weg dahin überprüfen Sie noch einmal, ob Sie auch stimmig sind. Und dann kommen Sie als Sie selbst in eine gute Atmosphäre eines stimmigen Raumes, verhandeln mit einem Kunden, den Sie längst in Ihr Bewußtseinsfeld einbezogen haben, mit dem Sie im Einklang sind, bevor Sie ihm überhaupt begegnet sind.

Was *das* für Ihren Erfolg bedeutet, aber auch für den Erfolg des anderen, können Sie sich vorstellen. Das Ergebnis wird stimmig sein. Bevor es begonnen hat, steht fest, daß es gut ist. Das meine ich damit, wenn ich sage, wir sollten die Aufgaben lösen, bevor sie entstehen. Cäsar hat gesagt: »Mit großen Problemen soll man sich befassen, solange sie noch ganz klein sind.« Ich meine, das ist zu spät. Mit großen Problemen soll man sich befassen, *bevor* sie überhaupt entstanden sind und wie oben beschrieben lösen.

Ich hoffe, liebe LeserInnen, Sie haben jeden Schritt mitvollzogen und gesehen, es funktioniert. Es gibt nichts zu lernen. In dem

Augenblick, in dem es gesagt ist, kann es geschehen sein, und weil es nichts zu lernen gibt, macht es nicht müde. Sie sind bereit für den nächsten Schritt. Sie werden sehen, das erholt. Es erholt, auf dem Laufenden zu sein. Es entfällt, denken zu müssen: »Ach, da muß ich auch noch dran denken. Da sollte ich noch hin. Ich weiß gar nicht, wann...« Das fällt alles weg. Alles geschieht immer in dem Augenblick, in dem es stimmt. Nichts bleibt ungetan. Bleiben Sie in dieser Erkenntnis und in diesem Bewußtsein, alles immer im Hier und Jetzt zu vollenden und in dieser Vollendung zu leben.

Eine andere wichtige Voraussetzung für wirklichen Erfolg ist absolute Ehrlichkeit. Aber das ist in diesem Bewußtsein kein Thema mehr. In diesem Bewußtsein hat Unehrlichkeit gar keinen Platz mehr. Wie sollte sie geschehen? Wenn Sie in diesem Bewußtsein sind, würde Unehrlichkeit nicht stimmen, und damit würden Sie sich selbst bestrafen. Das geht gar nicht mehr. Das bedeutet natürlich auch, daß Sie möglicherweise einem Kunden sagen: »Mein Produkt ist nicht das, was Sie brauchen. Sie brauchen etwas ganz anderes.« Und Sie sagen ihm, wo er es bekommt. Sie verlieren vielleicht diesen Kunden. Auch wenn der Sie in guter Erinnerung behält, er braucht Sie nicht mehr. Aber Sie haben gerade ein Guthaben geschaffen, beim Leben. Sie können sicher sein, das Leben findet sehr schnell einen Weg, es auszugleichen. Wenn Sie sich aber einmal einen Vorteil sichern, der Ihnen nicht zusteht, werden Sie erkennen, daß das Leben genauso schnell einen Ausgleich herbeiführt. Sie verlieren etwas, was Sie glaubten, schon sicher zu haben. Deswegen ist es so wichtig, in diesem Bewußtsein des Stimmigseins zu leben, das heißt, die Vorkehrungen für den Erfolg zu treffen, bevor es überhaupt losgeht. Bevor der andere sich überhaupt mit Ihnen befaßt, haben Sie schon dafür gesorgt, daß das Treffen erfolgreich enden muß. Wir können also tatsächlich unseren Erfolg vorherbestimmen, auf die Art und Weise, wie ich sie Ihnen soeben geschildert habe.

Die Vollendung des siebten Schrittes zum Erfolg ist es, die inneren Voraussetzungen zum Erfolg zu schaffen. Wenn Sie diese sieben Schritte abgeschlossen haben, ist Erfolg unvermeidlich, denn das, was im Außen geschieht, muß dem Stimmigsein Ihres Bewußtseins entsprechen, und damit sind Sie erfolgreich. Deswegen habe ich gesagt: »Die sieben Schritte sind die Grundvoraussetzungen.«

Jetzt kommen wir zu den Feinheiten.

Seinen eigenen Rhythmus finden und danach leben

Das ist der *achte* Schritt.

Das heißt generell, zuerst einmal die größeren Rhythmen zu erkennen: Bin ich ein Morgenmensch oder ein Abendmensch. Der übliche Arbeitstag läuft dem Rhythmus sowohl der Abendmenschen wie auch der Morgenmenschen zuwider. Abendmenschen werden erst gegen 10.30 Uhr vormittags ein bißchen wach, gegen 15.00, 16.00 Uhr geht es dann einigermaßen.

Nachts um 1.00, 2.00 Uhr, da ist ihre beste Zeit, aber dann ist normalerweise die Arbeitswelt längst geschlossen. Da findet nichts mehr statt. Sie müssen sich also zwingen, zu einer Zeit Leistung zu bringen, die nicht ihrem Rhythmus entspricht, nämlich morgens früh um 8.00 oder 8.30 Uhr am Arbeitsplatz zu sein oder noch früher. Und dann, wenn sie in Hochform sind, können sie bestenfalls ihrem Hobby nachgehen. Dann ist die Zeit für das Arbeiten vorbei. Es sei denn, sie sind selbständig und können ihre Arbeit verschieben und ihrem Rhythmus anpassen.

Aber ich bin ein Morgenmensch, und die sind nicht besser dran, wie ich gesehen habe. Natürlich bin ich wach, lange bevor die Arbeitszeit beginnt, und voll da, kann vor dem Frühstück schon Bäume ausreißen und gehe dann an die Arbeit. Aber was passiert? Sie kommen morgens an Ihren Arbeitsplatz, wie ich es jahrelang erlebt habe. Dann liegt zunächst einmal die Post da, eine Reihe Telefonate sind zu erledigen. Dann warten die Sekretärinnen oder die Angestellten auf Arbeitsvorbereitung, dann kommen unerwartet Kunden dazwischen, und dann die ersten Termine. Bevor Sie dazu kommen, Luft zu holen, ist Nachmittag. Jetzt haben Sie als Morgenmensch Ihren ersten Tiefpunkt. Jetzt hätten Sie die Zeit, etwas Kreatives zu tun, aber nicht mehr die Kraft. So war es Tag für Tag, bis ich irgendwann gesagt habe: »So geht es nicht weiter.«

Ich habe die Arbeitszeiten verlegt. Vormittags werden Sie mich wahrscheinlich kaum telefonisch erreichen. Das heißt also, ich mache Arbeitsvorbereitung, wenn nötig, am Nachmittag, erledige anschließend Telefonate und schaue dann erst die Post an, mit anderen Worten: Ich habe alles für den nächsten Tag vorbereitet. Wenn ich dann früh ins Büro komme, kann ich sofort kreativ sein, mich für die wichtigen Dinge interessieren. Das heißt, ich bringe meine Hochform in Übereinstimmung mit den höchsten Anforderungen des Tages. Wenn ich zum Frühstück gehe, habe ich bereits die Hauptarbeit des Tages getan. Der Rest des Vormittags wird noch vollendet und am Nachmittag kommt nur noch Routine.

Es ist also möglich, seine Arbeitszeit seinem Rhythmus anzupassen. Wenn es an Ihrem Arbeitsplatz nicht geht, dann sollten Sie prüfen, ob es wirklich Ihr Platz ist. Vielleicht ist das die Aufforderung, sich selbständig zu machen, damit es endlich stimmt und Arbeitsablauf und persönlicher Rhythmus harmonieren.

Jemand hat einmal so schön gesagt: »Bäume wachsen nicht in den Himmel, Menschen können es.« Wenn Sie Ihrem eigenen Rhythmus gemäß leben, wenn es stimmt, was Sie tun, dann kommt auf einmal ein Energieschub, und alles, was bisher nicht gestimmt hat, wird freigesetzt.

Dazu gehört auch, wie ich erfahren habe, die Ernährung. Überlegen Sie einmal, ob Ihre Ernährung Ihnen entspricht. Besonders wichtig wäre es am Morgen, denn zur Klarheit des Geistes gehört es, daß Sie keine Speisen zu sich nehmen, die der Körper um diese Zeit nicht verdauen kann: Ideal wäre es, morgens nur Obst und Wasser zu sich zu nehmen, und natürlich nicht gleichzeitig. Trinken sollten Sie immer nur eine halbe Stunde vor oder nach dem Obst, das nur eine halbe bis eine Dreiviertelstunde braucht, um den Magen wieder zu verlassen. Das hat den großen Vorteil, daß sich die Reinigungsphase Ihres Körpers unbelastet fortsetzen kann. Sie endet normalerweise erst zwischen zehn und zwölf Uhr. Sobald Sie aber den ersten Bissen essen oder einen Schluck Kaffee trinken, nehmen Sie wieder Nahrung auf. Die Reinigungsphase ist vorbei.

Wichtig ist, daß Sie in Ihrem Rhythmus leben, daß Sie lernen, sich zu spüren. Die meisten Menschen achten nicht auf ihre Bedürfnisse. Sie merken nur auf einmal: »Au, jetzt bin ich ganz kaputt« oder »ich weiß nicht, ich sitze die ganze Zeit so krumm, irgend etwas stimmt nicht!« Was sie die ganze Zeit falsch machen, merken sie erst, wenn es fast zu spät ist. Wir haben verlernt, uns in jedem Augenblick wahrzunehmen und uns bewußt zu machen: Stimme ich denn auch jetzt in meiner Haltung? Stimmt das, was ich tue? Stimmt das, was ich esse? Stimmt mein Atem? Das heißt: Stimme ich, dann stimmt alles. Dazu muß ich mich in jedem Augenblick spüren. Also lernen Sie, sich wahrzunehmen, und auch sich zu hören; denn nur so können Sie stimmig sein. Stimmigsein kann man nicht in feste Regeln pressen und sagen: »Wenn ich stimmig sein will, muß ich das und das tun.« Das geht nicht. Das sieht bei jedem anders aus. Jeder muß sein Stimmigsein herausfinden.

Und ein nicht zu unterschätzender Erfolgsfaktor - er wird auch Ihnen gefallen - ist die Muße. Wir denken bei Erfolg immer an Leistung und vergessen: Ein Bogen, der ständig gespannt bleibt, bricht. Wir brauchen also die Muße. Schauen Sie sich nur in der Natur um. Da gibt es Ebbe und Flut, Winter und Sommer, Saat und Ernte, Tag und Nacht. Alles wechselt und niemand kann sagen: »Nacht ist schlecht und Tag ist gut, oder Ernte ist gut und Saat ist schlecht.« Das eine ist ohne das andere nicht möglich. Genauso gehört zum Erfolg ausreichend Muße.

Aber was verstehen wir unter Muße? Da hat sich seit unseren Großeltern sehr viel verändert. Für uns sieht Muße so aus: Oh, es reicht noch, schnell zum Squashen, danach noch kurz in die Sauna; aber dann müssen wir uns beeilen, sonst macht die Küche zu und wir bekommen nichts mehr zu essen. Das ist Muße am Ende des zwanzigsten Jahrhunderts. In Wirklichkeit haben wir statt Muße Muß gehabt. Wir haben uns selbst unter Zwang gesetzt. Mit Muße hat das nichts zu tun.

Und die Menschen verlieren in zunehmendem Maße die Fähigkeit zur Muße. Das heißt: Wenn Sie einmal am Fenster sitzen und nichts tun, ich meine *nichts,* - weder fernsehen noch Musik oder lesen - wirklich nichts - wie lange halten Sie das aus, bevor Sie zum Buch greifen, das Radio anmachen, die Fernsehtaste drücken oder zum Telefonhörer greifen? Wir haben so einen Leistungsdrang in uns, daß wir Nichtstun kaum noch fertigbringen. Vor allen Dingen empfinden wir es als leer. Dabei kann nichts erfüllender sein als unverplante Zeit, in der Sie Muße haben, Ihre Gedanken spazieren zu schicken, aus denen eine Idee entsteht - oder nicht. Probieren Sie doch einmal aus, ob Sie überhaupt noch die Fähigkeit dazu haben. Setzen Sie sich für eine Stunde in Ihren Lieblingssessel und tun Sie absolut nichts. Denken ist erlaubt. Träumen ist erlaubt. Visionieren ist erlaubt. Intuitieren ist erlaubt, aber etwas tun - das ist nicht erlaubt. Also nichts tun - weder lesen noch Musik hören; nicht fernsehen, keine Unterhaltung - wirklich nichts.

Haben Sie in Ihrem Bewußtsein vollzogen, daß Muße ein wichtiger Faktor Ihres Lebens ist, um erfüllt zu werden und erfolgreich? Intuition meldet sich erst dann, wenn Sie nichts tun. Also versuchen wir einmal, das praktisch umzusetzen und Gedankenstille herzustellen. Hören Sie einmal für einen Moment auf zu denken. Schauen Sie, ob Sie das schaffen. Fangen Sie nicht an, sich Mühe zu geben, dann geht es nicht, sondern versuchen Sie, nichts zu tun. Nicht zu denken, ist eine Form des Nichtstuns. Sie können nicht verhindern, daß Gedanken kommen; aber Sie kümmern sich nicht darum. Sie greifen sie nicht auf, schauen sie nicht an. Sie machen sich keine Gedanken über Ihre Gedanken. Sie lassen sie vorüberziehen, sind in diesem Bewußtsein der Gedankenstille. Das ist wie eine Leere und gleichzeitig wie eine große Weite.

In diesem Bewußtsein können wir natürlich mit den Erfolgsschritten jetzt sehr viel schneller vorwärtskommen. Wir sind bis jetzt nur bis acht gekommen. Jetzt gehen wir ein bißchen schneller weiter. Sie bleiben in diesem Bewußtsein der Offenheit und Weite.

Für alles den richtigen Partner zu finden

Das ist der *neunte* Schritt zum Erfolg. Und während Sie schreiben, bleiben Sie in diesem Bewußtsein der Leere und Weite, der Offenheit. Um in allen Bereichen, privat und geschäftlich, den richtigen Partner, den richtigen Mitarbeiter zu finden, müssen Sie zunächst einmal selbst ein guter Partner sein. Also fragen Sie sich: »Möchten Sie mit sich verheiratet sein? Möchten Sie sich zum Chef haben? Möchten Sie Ihr Kollege sein?« Sorgen Sie dafür, daß Sie ja sagen können. Wenn Sie noch Vorbehalte haben, dann überprüfen Sie: »Was müßte anders sein? Wie würde es stimmen?« Und dann sorgen Sie dafür, daß Sie stimmen.

Machen Sie sich bei Ihrer Partnerschaft auch bewußt: Was ist der innere Sinn Ihrer Partnerschaft? Wofür haben Sie diesen Partner? Es gilt in manchen Bereichen als ketzerisch, solche Fragen zu stellen. Die Antworten lauten dann: »Man liebt sich halt« oder »aus Liebe.«

Ich hoffe, es geht Ihnen nicht so wie der Frau, die vor dem Spiegel stand und sagte: »Das Ekel gönne ich meinem Mann.«

Also prüfen Sie den Gehalt Ihrer Partnerschaft, aber auch den Gehalt Ihrer Partnerschaft zu Mitarbeitern, Berufskollegen. Was ist die Substanz? Was ist der innere Sinn? Stimmt die Partnerschaft noch? Wenn nein, loslassen oder, wenn möglich, etwas ändern. Sorgen Sie auf diese Weise dafür, daß alle Bereiche Ihres Lebens stimmen.

Und wenn Sie sich selbst ein guter Partner werden wollen, dann prüfen Sie einmal: »Sind Sie sich selbst gegenüber immer fair? Sind Sie sich selbst gegenüber freundschaftlich? Haben Sie Achtung vor sich selbst? Können Sie sich auf sich verlassen?« Das alles gehört zu einer guten Partnerschaft mit sich selbst. Fangen Sie also an, sich selbst ein guter Partner zu sein. Und wenn Sie nicht den richtigen Partner haben oder die richtigen Mitarbeiter, dann ist das eine Botschaft, die Sie auffordert, etwas zu verändern. Also sollten Sie fragen: »Warum habe ich immer Mitarbeiter, die unzuverlässig sind oder die versuchen, mich zu betrügen, oder die unpünktlich sind oder unhöflich? Wo bin ich resonanzfähig, daß ich gerade diese Menschen anziehe? Was habe ich mit denen zu tun?« Dann sorgen Sie dafür, daß Sie mit denen nichts mehr zu tun haben. Und ein Erfolgsgeheimnis in bezug auf Menschen ist es, beim Weggehen jedem anderen einen Grund zu geben, sich auf ein Wiedersehen mit Ihnen zu freuen. Prüfen Sie einmal bewußt: »Wenn ich jetzt weggehe von dem, welchen Grund gebe ich ihm, sich auf ein Wiedersehen mit mir zu freuen?« Mutter Theresa, diese großartige Frau aus Indien, hat einmal gesagt: »Lasse nie zu, daß dir jemand begegnet, der nach der Begegnung mit dir nicht glücklicher ist.«

Der *zehnte* Schritt zum Erfolg heißt:

Innere Bilder optimieren

Wir alle haben für jedes Wort, das wir denken können, ein inneres Bild. Sie brauchen nur einmal die Probe aufs Exempel zu machen, die Augen zu schließen und sich das Bild »Liebe« vorzustellen.

Und wie sieht Ihr Bild für Freude aus? Wenn es nicht so aussieht, wie es aussehen sollte, greifen Sie doch einmal ein und ändern Sie gerade dieses Bild. Schaffen Sie sich ein verändertes Bild für Freude, das Ihrem jetzigen Erkenntnisstand, Ihrem jetzigen Bewußtsein entspricht. Sagen Sie Ihrem Unterbewußtsein: »Mein neues Bild für Freude sieht jetzt so aus. Das ist das richtige Bild.«

An dem Bild können Sie solange gestalten, bis es Ihnen rundherum gefällt. Vielleicht malen Sie das Bild oder verwenden die Technik einer Collage und kleben die Bestandteile in das Bild, die dazugehören. Bis Sie sagen: »Das ist mein Bild von Freude. Das entspricht mir wirklich. So sieht Freude für mich aus.«

Und wenn wir schon dabei sind, schauen Sie sich doch einmal Ihr Selbstbild an. Das geht am einfachsten, wenn Sie vor einen inneren Spiegel treten und in diesem Spiegel Ihr Selbstbild sehen. Wie sehen Sie sich?

Vielleicht fragen Sie sich: »Wie komme ich zu diesem Selbstbild?« Sie erkennen, der größte Teil Ihres Selbstbildes ist nicht von Ihnen geschaffen, sondern durch andere entstanden - durch die Meinung der Eltern, Freunde, Lehrer, Kollegen, Chefs. Alle haben an Ihrem Selbstbild mitgestaltet. Aber *Sie* tragen die Folgen. Und jetzt beginnen Sie, Ihr Selbstbild umzugestalten, neu zu gestalten, neu zu formen. Schaffen Sie sich ein Selbstbild, das dem letzten Stand Ihrer Selbsterkenntnis entspricht, der Erkenntnis dessen, der Sie wirklich sind. Sehen Sie sich so, wie Sie sind, wie Sie *wirklich* sind. Und Sie erkennen, Sie sind nicht auf dem Weg zur Vollkommenheit. Sie waren schon immer vollkommen. Sie haben es nur vergessen. Sie können sich in diesem Augenblick wieder daran erinnern. Und schauen Sie sich jetzt das Bild Ihrer Vollkommenheit an. Sehen Sie sich so, wie Sie wirklich sind. Spüren Sie, wie gut es tut, sich wiederzuerkennen, tief in Ihrem Inneren zu wissen, wer Sie wirklich sind. Bringen Sie jetzt diesem Selbstbild, dem vollendeten Selbstbild, Liebe entgegen. Fangen Sie einfach an, sich selbst, so, wie Sie sind, bedingungslos und vorbehaltlos zu lieben. Erfüllen Sie sich mit dieser Liebe. Machen Sie sich bewußt: Ich liebe mich so, wie ich bin, weil ich weiß, ich werde genauso gebraucht, wie ich bin. Hören Sie auf, besser werden zu wollen. Sie können nie mehr besser werden. Sie sind vollkommen. Sie waren es immer, und Sie werden es immer sein. Sie sind am Ziel!

Und jetzt werfen Sie noch einen letzten Blick voller Dankbarkeit und Freude auf Ihr Selbstbild. Machen Sie sich bewußt: Das bin ich wirklich und spüren Sie: Alles ist gut. Endlich ist alles gut.

Eine wichtige Erkenntnis im Zusammenhang mit den inneren Bildern ist, daß wir unsere Eindrücke nicht bekommen, sondern sie uns *machen*. Das ist ein ganz entscheidender Unterschied. Wir verhalten uns so, als bekämen wir unsere Eindrücke. Wir verhalten uns normalerweise wie Opfer. Wenn wir aber im Bewußtsein sind, erkennen wir, ich mache mir meine Eindrücke selbst. Aber ich entscheide auch, welche Eindrücke ich mir mache, und somit bin ich nicht abhängig von den Umständen, sondern mache mir aus jedem Umstand den für mich wichtigen stimmigen Eindruck. Das heißt, wenn Sie das jetzt vollziehen, stimmen auch unsere Eindrücke, weil ab jetzt keine falschen, unerwünschten, unstimmigen Eindrücke mehr entstehen, da wir selbst sie schaffen.

Wir haben gesehen, wir haben für alle Begriffe innere Bilder. Schauen wir uns jetzt mal die Bilder an, die wir in Zukunft noch optimieren wollen, also Erfolg, Reichtum, Wohlstand.

Schließen Sie noch einmal die Augen und sehen Sie Ihr inneres Bild für Wohlstand. Prüfen Sie, ob es mit diesem inneren Bild wirklich wohl steht, denn das ist die Vorlage, der Plan, die Schablone für Ihren Erfolg, für Ihren äußeren Wohlstand. Und jetzt gestalten Sie dieses innere Bild aus, mit allen Einzelheiten. Schaffen Sie sich Ihr inneres Bild vom Wohlstand, das Ihnen entspricht.

Und verändern Sie dieses Bild. Ergänzen Sie es solange, bis es wirklich Ihren Wünschen entspricht. Machen Sie sich bewußt: Damit gestalten Sie die Vorlage für Ihre Zukunft. Sie gestalten jetzt die Form, nach der Ihr zukünftiger Wohlstand geprägt wird. Also sorgen Sie dafür, daß die Form stimmt.

Wenn Sie wollen, können Sie bei diesem Bild noch eine Weile verweilen.

Und während Sie dieses Bild in Ihrem Bewußtsein festhalten, fließt Energie zur Verwirklichung hinein. Spüren Sie, wann genug Energie geflossen ist. Spüren Sie dieses Gefühl: Es ist vollbracht. Es ist erfüllt.

Es ist wie Wasser, das Sie in ein Gefäß füllen. Der Wasserspiegel steigt ständig. Und von einem Augenblick zum anderen ist das Gefäß voll. Es ist erfüllt - im wahrsten Sinne des Wortes.

Wenn Sie jetzt noch mehr Energie hineinfließen lassen, wird es nicht besser. Aber hören Sie auch nicht vorher auf. Erfüllen Sie dieses Bild des Wohlstandes mit Energie zur Verwirklichung.

Und jetzt versuchen Sie, mehrdimensional zu handeln. Während Sie also weiter das innere Bild Ihres Wohlstandes mit Energie zur Verwirklichung erfüllen, öffnen Sie die Augen und lesen Sie weiter.

Sie nehmen eine neue Information auf und setzen sie sofort wieder im Bewußtsein um; aber gleichzeitig sehen Sie, dort erfüllt sich noch immer das Bild meines Wohlstands mit Energie zur Verwirklichung.

Nutze die Kraft deiner Intuition

Wir arbeiten jetzt in zwei Dimensionen gleichzeitig. Wir lassen sich dort Ihr Bild des Wohlstands weiter erfüllen, und kommen gleichzeitig zum nächsten Schritt, dem *elften*: Nutze die Kraft deiner Imagination. Wir sind mitten drin. Das heißt hier ganz konkret, daß Sie jetzt auch in anderen Bereichen prüfen: Wo, in welchen Bereich möchte ich in meine Zukunft ein neues Bild, eine neue Vorlage, eine neue Form geben? Das alles geschieht aus dem Bewußtsein heraus, das auch die Welt der Wissenschaftler allmählich zu entdecken beginnt, und was spirituelle Lehrer schon seit Jahrhunderten wissen: Daß unser physisches Universum nicht aus irgendeiner Materie gemacht ist, sondern daß die Materie, wenn man sie immer weiter teilt, zu Energie wird und diese Energie eins ist. Ganz gleich, welche Materie wir nehmen, die Energie dahinter ist die gleiche. Der Unterschied ist nur ein Unterschied in der Schwingungsfrequenz. Die Schwingungsfrequenz bestimmt die Art der Erscheinung. Die Ursubstanz ist dieselbe. Es ist eine Kraft, könnten wir wissenschaftlich sagen. Und damit gewinnt Bedeutung, was die Birmesen in ihrer Schöpfungsgeschichte schon seit ewigen Zeiten sagen: *Am Anfang stand der Wille des Einen, viele zu sein.* Und genau das ist es. Gott schuf nicht die Welt, Gott wurde die Welt. Oder, wenn wir diesen religiösen Begriff Gott, der mit so vielen Mißverständnissen beladen ist, weglassen wollen, dann sagen wir: diese eine Kraft. Die schöpferische Urkraft hat nicht eine Welt geschaffen, sondern sie wurde die

Welt. Das ist die Energie, die Grundsubstanz, aus der alles entstanden ist. Und die Verschiedenartigkeit der Materie, wie sie in der Vielfalt in Erscheinung tritt, kommt lediglich aus der unterschiedlichen Frequenz der Schwingung dieser Energie. Physikalisch gesehen, sind wir alle Energie. Wir sind Energiewesen. Auch unser physischer Körper ist ein Energiekörper. Ein Tisch ist in Wirklichkeit ein flirrender Elektronenhaufen. Wenn wir Augen hätten wie ein Elektronenmikroskop, könnten wir es erkennen.

Da alle Energieformen aus der gleichen Energie geschaffen sind, stehen sie in wechselseitiger Beziehung und wirken gegenseitig aufeinander ein. Alles ist Energie. Wir sind also Energie, ein Teil dieser einen Energie. Und wenn wir unser Energiefeld verändern, wie wir es jetzt laufend getan haben, dann verändern wir die Schöpfung. Dann verändern wir die Materie. Und die Materie entsteht aus dem Geist. Sie ist in einer niedrigeren Schwingung und damit schwerfälliger als die hohe Schwingung unserer Gedanken und die noch höhere Schwingung unseres Bewußtseins. Aber wenn wir diese hohe Schwingung lange genug einwirken lassen, muß die Schwingung der Materie folgen, denn sie ist aus der gleichen Energie. Wir können durch unsere Gedanken Energie verändern und damit Materie.

Wir haben es uns mit dem Armtest ganz schnell bewiesen. Sobald ich mein Bewußtseinsfeld verändere, verändere ich den Kraftstrom in meinem Körper. Ich teste also schwach oder stark. Somit bewirken wir durch die Veränderung unseres Energiefeldes Bewußtsein sofort etwas in der Schöpfung. Das heißt, mit schöpferischer Imagination können wir jeden beliebigen Zustand oder Umstand verursachen.

Im zehnten Schritt haben wir die inneren Bilder geändert, im elften nutzen wir die Fähigkeit, neue Situationen und Umstände zu schaffen, indem wir dieser Energie der ungeprägten Grundsubstanz durch ein Bild eine Form geben. Stellen Sie sich das so vor: Das Leben füllt alle Formen aus, die vollkommenen ebenso wie die unvollkommenen, die großen wie die kleinen. Und Sie sind der Schöpfer der Form. Sie können beliebige Gußformen schaffen. Das Leben füllt sie aus. Und was dann in Erscheinung tritt, ist ein Ereignis, ein Umstand, Materie. Wir können alles gestalten. Wir sind Schöpfer. Wir sind ein Teil dieser einen Energie und gleichzeitig in der Lage, dieser Energie jede beliebige Form zu geben. Das geschieht über die Vorstellung des Bildes, schöpferische Imagination oder kreatives Visualisieren, ganz gleich, wie Sie es nennen.

Bevor wir das können, brauchen wir eine Idee - was wir schaffen wollen. Dieser Idee geben wir in einem Gedanken eine erste geistige Form, und im Bild gestalten wir diese Form dann aus. Über den Glauben öffnen wir diese Form, so daß das Leben sie ausfüllt. Jede Form, die ein Schöpfer schafft, wird vom Leben erfüllt.

Machen Sie sich also bewußt, was Sie schaffen wollen. Wenn wir beim heutigen Thema bleiben, dem Thema »Erfolg-Reich-Sein«, dann fangen wir zuerst einmal an, den Erfolg zu schaffen. Wir schaffen bewußt ein Bild des Erfolgs, den wir haben wollen. In diesem Bewußtsein sind Sie Erfolg. Das legt Ihnen auch eine große Verantwortung auf, denn alles, was Sie denken, wird Teil der Schöpfung. Wir sind aufgerufen als Mitschöpfer, diese Schöpfung mitzugestalten. Aber wir müssen aufpassen, daß wir nicht Schöpfungsmüll verursachen, keinen Sperrmüll, sondern verantwortungsbewußt handeln. Wir müssen also lernen, mit dem Denkinstrument umzugehen, damit wir nicht unachtsam unerwünschte Formen schaffen, die das Leben dann erfüllt.

In der Praxis bedeutet das, wir ziehen in unser Leben immer das, an das wir am häufigsten denken. Worauf wir am längsten unser Bewußtsein richten, dahin fließt die meiste Energie. Ein ganz wichtiger Punkt: Worauf ich also mein Bewußtsein richte, dorthin lenke ich den Strom der schöpferischen Urkraft hin - auf Positives wie auf

Negatives, auf Großes wie auf Kleines. Es ist dieser Kraft vollkommen gleich, wie groß scheinbar ein Vorhaben ist. Diese Kraft ist ungeprägt. Mit dem Bild, das ich schaffe, gebe ich ihm die Form. Und die Wirklichkeit ist ein Ebenbild dieser von mir als Schöpfer geschaffenen Form. Es ist dem Leben vollkommen gleich, ob ich diese Form jetzt bewußt geschaffen habe oder unbewußt. Das wird nicht bewertet. Da gibt es keinen Unterschied.

Die meisten unserer Lebensumstände haben wir unbewußt geschaffen. Wir sehen erst, wenn sie eintreten, was wir da wieder angestellt haben. Dann ist es zu spät, etwas zu ändern. Dann können wir nur noch reagieren. Aber wir haben vorher in jedem Augenblick die Wahl zu agieren, das heißt, zu bestimmen, wie diese Form aussehen soll, und können als bewußter Schöpfer jetzt eine Form unserer Zukunft schaffen, die aus vielen Einzelbildern besteht, aus Partnerschaft, aus Gesundheit, aus beruflicher Situation, aus Aussehen und so weiter. All das bestimmen Sie selbst.

Das wird schon bei Ihrem Äußeren deutlich: Sie sehen so aus, weil Sie so sind. Jeder ist für sein Gesicht selbst verantwortlich. Man kann nicht sagen: »Bei uns in der Familie sehen sie alle so aus. Das ist zwar möglicherweise richtig, aber derjenige hat ja diese Familie gewählt, weil er dort dieses genetische Erbe vorgefunden hat, das ihm geholfen hat, er selbst zu werden, das heißt, sich selbst zum Ausdruck zu bringen.

Und jede Energie hat das Bestreben, gleichartige Energie anzuziehen. Das heißt, was immer Sie schaffen, vervielfacht sich, weil es magnetisch ist und Gleiches anzieht.

Schaffen Sie negative Formen, ziehen Sie negative Menschen, negative Umstände, negative Situationen, negative Zufälle geradezu magisch an.

Schaffen Sie erfolgreiche Formen, dann öffnen sich Türen, wo vorher keine waren. Dann geschehen günstige Zufälle.

Immer wieder sagen Menschen zu mir: »Sie haben einfach Glück. Wenn das jetzt nicht passiert wäre, hätte Ihre Absicht gar nicht verwirklicht werden können.« Ich sage aber: »Es ist passiert.« »Ja, das ist Glück.«

Nein, das ist weder Glück noch Zufall. Das ist die Folge von Stimmigsein. Wenn ich stimmig bin und auf meinem Weg, der stimmt, befindet sich eine Wand ohne Tür, dann muß eine Tür dort sein, bis ich dort hingekommen bin, oder die Wand ist verschwunden. Ich kann mich also darauf verlassen, wenn ich stimme, stimmen die Umstände. Mag die Wahrscheinlichkeit noch so dagegen sprechen. Und dann kommt einer, der aus seinem Verstandesbewußtsein fragt: »Was wollen Sie denn machen, wenn die Wand einmal nicht verschwindet?«

Mich hat tatsächlich vor einiger Zeit jemand gefragt: »Wissen Sie, was mich so aufregt an Ihnen, Sie sind immer so sicher. Wenn Sie einmal in eine bestimmte Situation kämen, entführt würden, in eine Kiste gesperrt und ohne Essen, nichts zu trinken hätten und wären gefesselt, dann möchte ich sehen, wo Ihre Sicherheit bleibt. Was wollen Sie denn dann machen?« Ich habe ihm darauf geantwortet: »Gar nichts. Ich komme gar nicht erst in eine solche Situation. Um in diese Situation zu kommen, muß ich sie in mein Bewußtsein nehmen. Ich muß also bewußt oder unbewußt eine Form der Zukunft geschaffen haben, die das ermöglicht. Also brauche ich mir nie Gedanken zu machen: Was mache ich, wenn ich gefesselt in einer Kiste bin. Ich sorge dafür, daß das nicht passiert.«

Sie brauchen sich also keine Gedanken zu machen: Wie verhalte ich mich, wenn dies oder jenes geschieht? Sorgen Sie dafür, daß das stimmt, was auf Sie zukommt, und dann wissen Sie auch, wie Sie sich zu verhalten haben, weil Sie aus Ihrem Stimmigsein heraus handeln.

Wenn solche Bilder da sind (sie sind bei uns allen da), dann bringen wir sie in Ordnung, wann immer sie in unser Bewußtsein treten.

Wenn ich in diesem Stimmigsein bin, und da kommt ein unstimmiges Bild, eine alte Prägung, von früher aus dem Unterbewußtsein, dem alten Speicher, dann sage ich: »Moment, das stimmt jetzt nicht. Wenn ich dich bestehen lasse, gibt es eine Disharmonie zwischen meinem Stimmigsein und meinem alten Bild. Es paßt nicht mehr zueinander. Also löse ich es auf. Ich nehme die Energie, die darin gebunden ist, und richte sie auf mein Ziel. Ich befreie eine Energiekapazität nach der anderen, die in diesen alten Bildern gebunden war, und richte sie stimmig auf mein heutiges Ziel.

So kann ich nicht nur alte Bilder in Ordnung bringen, ich schaffe mir auch die neuen, erwünschten Bilder meiner Zukunft in jedem Bereich.

Nehmen wir ein Beispiel: Was könnte Sie in Zukunft interessieren? Gut, die Gesundheit, die interessiert ja viele.

Schauen wir jetzt einmal mit offenen Augen hin. Probieren wir, daß wir nicht immer in Meditation versinken müssen, wenn wir etwas ändern wollen. Wir schaffen jetzt einfach ein Bild von Gesundheit. Wir nehmen nicht mehr die bisherigen Eindrücke, sondern schaffen uns ein neues Bild. Schaffen Sie dieses Bild aber nicht als Bild, sondern als Energie. Das heißt, fühlen Sie in sich, wie Gesundheit geschieht, und spüren Sie besonders an Ihren Schwachstellen, wie sie sich dort gerade vollzieht, denn wenn ich im Bewußtsein stimme, kann der Körper als Spiegelbild nicht krank sein. Das ist wie die Sonne, die ich auf Schnee lenke. Der Schnee muß schmelzen. Der Energie des Stimmigseins Ihres Bewußtseins kann eine Unstimmigkeit nicht lange widerstehen. Also richten Sie den Scheinwerfer Ihres stimmigen Bewußtseins auf irgendeine unstimmige Situation im Gesundheitsbereich. Schauen Sie zu, wie diese Unstimmigkeit sich in der Stimmigkeit des Energiefeldes Ihres gerichteten Bewußtseins auflöst, wie die Unstimmigkeit schmilzt wie Schnee in der Sonne.

Es kann auch ein Schmerz sein. Schauen Sie hin. Wenn Sie erkannt haben, was die Botschaft bedeutet, sagen Sie: »Danke Schmerz, jetzt brauche ich dich nicht mehr,« und lösen ihn auf. Sie richten Ihr stimmiges Bewußtsein auf Ihre körperliche Situation und lösen in diesem Bewußtseinsfeld jede Krankheit, sprich Unstimmigkeit, auf. Das ist der negative Teil. Und jetzt kommen wir zum kreativen Teil. Schaffen Sie in Ihrem Körper die Situation, die Sie dort brauchen. Das kann Vitalität sein, Wohlgefühl, Sicherheit, Freude. Und noch einmal: nicht nur als Bild, als Vorstellung, sondern schaffen Sie die Aspekte als ganzheitliches Energiefeld. Seien Sie ein Energiefeld der Freude, der Gesundheit, der Vitalität. Lassen Sie Vitalität in sich entstehen. Drehen Sie ein inneres Ventil auf oder nehmen Sie einen inneren Stein weg, damit der Quell der Vitalität sprudelt. Wie Sie das bildhaft sehen, ist völlig gleich. Lassen Sie diesen Quell sprudeln und spüren Sie, wie dieser Quell an Vitalität Sie erfüllt. Sie können sich sogar vorstellen, daß es oben aus dem Scheitelchakra heraussprudelt, weil Sie innerlich schon so voll mit Energie sind. Sie spüren, wie es außen an Ihnen herunterfließt und den Raum, in dem Sie sich befinden, ausfüllt. Wenn Sie sich ganz mit Vitalität angefüllt haben und schon überfließen, dann füllen Sie Ihren Raum aus. Dann spüren Sie bitte, wo Vakuumfelder sind, die diese Vitalität anziehen, weil sie sie brauchen. Erkennen Sie, dieser Quell der Vitalität ist unerschöpflich. Sie können ihn aufdrehen, so stark Sie wollen. Sie können einen Raum ausfüllen oder einen Körper oder einen anderen Körper oder eine Stadt, es ist vollkommen gleich. Es muß nur innerhalb der Grenzen Ihres Denkens und Glaubens liegen. Sie müssen es sich vorstellen und glauben können, daß es geschieht. Dann spüren Sie, wie es im selben Augenblick geschieht.

Jetzt kommen Sie nie mehr auf die Ideen, zu sagen: »Heute fühle ich mich so kaputt.« Das ist nur eine Botschaft: »Moment, wer bist du denn? Was denkst du denn da gerade? Was schaffst du denn gerade mit deiner schöpferischen Kraft?« Neu ausrichten! Neu schaffen! Geschehen lassen! Sie sind Schöpfer. Wenn Sie einen Moment unachtsam waren, machen Sie sich keine Vorwürfe. Sie haben keinen Fehler gemacht. Der Fehler macht Sie nur aufmerksam, da *fehlt* etwas. Also fügen Sie es hinzu, dann fehlt es nicht mehr. Mehr ist nicht zu tun. Es gibt niemanden, der Sie zur Rechenschaft zieht oder tadelt. Sie haben keine negativen Folgen zu erwarten. Sie sind ein Schöpfer. Sie können es in jedem Augenblick ändern.

Jetzt gehen Sie einmal in dieses Feld der Vitalität, des Wohlgefühls, der Freude, Lebensfreude. Lassen Sie diesen Quell weitersprudeln. Teilen Sie ihn mit jedem, mit dem Sie teilen möchten. Teilen Sie sich mit - die schönste Form einer Mitteilung ist, diese mit anderen zu teilen. Es ist genug da. Es ist unerschöpflich. Sie sind ein Schöpfer.

Und noch ein Geheimnis: Wichtig ist, daß Sie diese Fähigkeiten nicht auf ein Ziel richten, sondern vom Ziel her erfüllen. Sie sollten nicht mehr zu einem Ziel hindenken, sondern vom Ergebnis her denken. Ich versetze mich in die Erfüllung und erlebe, welche Konsequenzen das für mich jetzt hat, wie sich das jetzt auswirkt. Ich erfülle mir etwas in der Zukunft und erlebe bereits jetzt die Folgen. Und dann tritt es in der Zukunft in Erscheinung.

Ein Beispiel aus dem Alltag: Wir sind gewohnt, linear zu denken. Ich habe eine Idee, mache daraus einen Gedanken, rede darüber, handle. Dann ergibt sich ein Umstand. Daraus formt sich mein Charakter, meine Persönlichkeit. Das ist lineares Denken. Wir alle erleben aber immer wieder Situationen, in denen die Ursache für etwas in der Zukunft liegt. Wo die Zukunft die Gegenwart gestaltet.

Nehmen wir ein einfaches Beispiel: Sie haben nächstes Wochenende Gäste. Und Ihre Mutter kommt zu Besuch. Dieses Ereignis, das in einer Woche stattfindet, beeinflußt die ganze Woche. Sie müssen Ihre Termine darauf abstimmen, müssen einkaufen gehen. Dieses zukünftige Ereignis verursacht also Veränderungen in der Gegenwart. Sie denken vom Ergebnis her: Dann muß ich meine Mutter noch anrufen, daß sie sich ein Taxi vom Bahnhof nimmt, weil ich am Bahnhof im Moment nicht halten kann, weil dort eine Baustelle ist. Ich muß sie spätestens am Samstag oder am Freitag anrufen, wenn sie am Samstag kommt. Ich muß also in der Gegenwart handeln, damit es in der Zukunft stimmt. Das Ereignis der Zukunft bestimmt meine Gegenwart. Und genauso sollten Sie als Schöpfer sich in ein zukünftiges Ereignis hineinversetzen, von diesem Ziel aus denkend das tun, was jetzt zu tun ist, damit es möglich wird. So schließen Sie den Kreis.

Machen wir uns also bewußt: Jedes Ideal, jeder Wunsch, wartet darauf, Gestalt annehmen zu dürfen, indem Sie ihm Ihre Urheberschaft anbieten, indem Sie ihm die schöpferische Form geben. Sie können alles erreichen. Es gibt keine Grenzen. Es gibt kein Unmöglich.

Erkenne die Macht deiner Gedanken

Kommen wir zum *zwölften* Erfolgsschritt: Es ist ganz erstaunlich. Zu allem gibt es eine Gebrauchsanweisung und Bedienungsanleitung, nur für das komplexeste Instrument, das wir kennen, das menschliche Gehirn, gibt es so etwas nicht. Wir müssen also selbst lernen, wie wir optimal damit umgehen.

Wir haben schon einen Schritt getan, indem wir Gedankenstille hergestellt haben. Machen wir einmal die selbstverständlichste Übung, die dennoch so schwer ist: Einen Gedanken denken und festhalten.

Ganz gleich, woran Sie denken, halten Sie diesen Gedanken im Bewußtsein fest. Probieren Sie es einmal aus, eine Minute lang. Einen Gedanken aufgreifen und festhalten. Spüren Sie, wieviel Macht dieser Gedanke bekommt, indem Sie ihn festhalten, weil ständig Energie dorthin fließt?

Gehen wir einen Schritt weiter, nehmen diesen Gedanken und verändern ihn. Optimieren Sie diesen Gedanken, ergänzen, erweitern Sie ihn - machen Sie ihn stimmig. Halten Sie diesen stimmigen Gedanken im Bewußtsein fest und spüren Sie, wie er Sie insgesamt stimmiger werden läßt.

Versuchen wir es noch ein bißchen schwieriger: Halten Sie diesen Gedanken im Bewußtsein fest und nehmen Sie einen zweiten hinzu. Der erste bleibt und Sie nehmen den zweiten dazu. Halten Sie beide Gedanken gleichberechtigt fest.

Wenn Sie mentales Bodybuilding betreiben wollen, dann nehmen Sie noch einen dritten Gedanken hinzu. Erweitern Sie Ihre Kapazität. Wenn Sie wollen, lassen Sie wieder alle Gedanken los und Gedankenstille, Gedankenruhe entstehen. Spüren Sie, wie in dieser Gedankenruhe alles von Ihnen abfließt, wie Sie wieder frisch werden?

Dann nehmen Sie eine hilfreiche Affirmation ins Bewußtsein. Zum Beispiel: Ich konzentriere mich immer ganz auf das, was ich gerade tue. Halten Sie das einmal im Bewußtsein fest, so daß es sich einprägt. »Ich konzentriere mich immer ganz auf das, was ich gerade tue.«

Und jetzt halten Sie diese Affirmation im Bewußtsein fest, während wir weitergehen. Wie bei einem Standbild bleibt die Affirmation stehen: *Ich konzentriere mich immer ganz auf das, was ich gerade tue.*

Eine neue Einstellung
zu Problemen und Schwierigkeiten

Wir gehen weiter und kommen zum *dreizehnten* Schritt.

Zum Erfolg-Reich-Sein gehört es also, Probleme zu lösen. Die effektivste Art, Probleme zu lösen, ist zu erkennen, daß es keine gibt. Da kommt jemand zu Ihnen und hat ein Problem. Wenn Sie die Wahrheit sagen würden, müßten Sie ihm sagen: »Sie haben kein Problem. Sie sind eins,« denn wenn er kein Problem wäre, hätte er keins. Es ist eine Frage des Bewußtseins. Das möchte er aber nicht hören. Dann würde er sich einen anderen Problemlöser suchen. Also müßte man hinterfragen: »Warum habe ich dieses Problem? Was ist die Botschaft dieses Problems? Was ist zu tun, damit dieses Problem ganz von selbst verschwindet, so, wie es gekommen ist?«

Da wir uns aber nicht nur einreden wollen, daß es ganz leicht sei, Probleme zu lösen, wollen wir hinschauen, ob es wirklich so einfach ist. Deswegen müssen wir ein mögliches Problem ins Bewußtsein nehmen.

Bei einem meiner letzten Seminare hatte ein Teilnehmer Probleme mit den Visionen. Ich habe zu ihm gesagt, er müsse seinen Verstand abschalten. Das war für ihn bisher immer ein großes Problem gewesen, weil der Verstand sich beim Versuch zu meditieren nicht ausschalten ließ. Er war immer vorrangig, überall. Aber der Teilnehmer hat gelernt, damit umzugehen.

Das Problem war der Verstand, nicht der Teilnehmer selbst.

Ich habe zu ihm gesagt: Seien Sie froh, daß Sie so einen Verstand haben. Er ist ein ideales Werkzeug. Er darf nur nicht zum Herrn werden. Das ist das Problem. Wenn Sie selbst nicht da sind, ist die nächste Instanz der Verstand, dann fällt ihm alle Macht zu. Sobald Sie zurück sind, also der Chef wieder in Erscheinung tritt, sollte der

Verstand einen Schritt zurücktreten und Ihnen die Herrschaft überlassen. Und Sie sagen dem Verstand was, wann, wo, wie gedacht wird. Das ist offensichtlich geschehen. Sie sind zu sich erwacht und der Verstand hat wieder den ihm gebührenden Platz eingenommen.

Wenn Sie ihm Raum geben, wenn da ein Vakuum ist, dann füllt er das aus. Und bei den meisten Menschen ist es leider so, daß der Verstand ihr Herr ist, ihre oberste Instanz, weil Sie selbst abwesend sind.

Wenn Sie also wieder einmal ein Problem haben und erfahren möchten, worauf das hindeutet, ganz einfach: *Tat wam asi* (Das bist du) = Erkennen, daß wir alle eins sind. Wir sind aus einer Energie. Wie kann ich also einen Teil der einen Kraft, aus der alles gemacht ist, sympathisch finden und einen anderen unsympathisch? Das ist ein Urteil. Und ein Urteil teilt das Ur, das EINE, und trennt mich vom Ganzen.

Die Aufforderung ist immer dieselbe: Hör auf, zu urteilen. Nimm den anderen so, wie er ist. Nimm jeden so, wie er ist. Adenauer hat es einmal so schön gesagt: »Man muß die Menschen nehmen, wie sie sind. Es gibt keine anderen.« Genau das sollten wir tun. Jeder hat ein Recht, so zu sein, wie er ist. Denken Sie daran, es ist die EINE Kraft, die in dem einen Aspekt so sein möchte und in dem anderen so, in einem dritten wieder anders - und so weiter. Sie müssen nicht den Kontakt zu jedem suchen, denn Sie erkennen, daß - wie bei einem Klavier - manche Töne zueinander passen und andere nicht. Sie ergeben eine Dissonanz. Aber der eine Ton ist nicht schlechter, nur weil er nicht paßt. Er ist nur anders.

Jetzt schauen wir einmal in die Zukunft. Wie sieht es morgen mit diesem Thema aus? Kann es morgen ein Problem geben? Ich verspreche Ihnen, Sie werden morgen eins haben. Dieses Bewußtsein im Alltag zu halten, ist nicht so leicht möglich. Natürlich sollten Sie in diesem Bewußtsein bleiben, aber Sie werden immer wieder herausrutschen oder herausgestoßen werden. Sie müssen einen Weg finden, wieder hineinzugehen. Anfangs werden Sie üben müssen, dieses Bewußtsein mit Ihrer Alltagstätigkeit zu verbinden. Sie werden sagen: »Ich kann das Bewußtsein halten; aber dann darf ich sonst nichts tun. Da ich aber sonst noch etwas zu tun habe, rutsche ich immer wieder heraus.« Da wird zumindest eine Aufgabe auf Sie zukommen. Jetzt kommt es darauf an, mit dieser Aufgabe sinnvoll umzugehen, und sinnvoll heißt, sich heute darauf vorzubereiten. Und heute dafür zu sorgen, daß es morgen klappt.

Sie werden auch einen ganz normalen Muskelkater bekommen. Sie werden sich fragen: »Habe ich im Garten gearbeitet? Was ist denn los?« Der Körper spiegelt wider, daß da plötzlich Bereiche beweglich werden, die vorher erstarrt waren. Vielleicht kommen Sie sich verprügelt vor. Sie brauchen mehr Ruhe in nächster Zeit. Sie sind in einer Transformation, in einer Umstellungsphase. Sie brauchen also jetzt ein bißchen Schonung, wie in der Rekonvaleszenz. Aber nicht Schonung, indem Sie weniger von sich verlangen, sondern indem Sie immer bis an die Grenze Ihrer Möglichkeiten gehen, ohne sich zu überanstrengen. Dann wird dieser Muskelkater in ein paar Tagen verschwunden sein.

Sobald das Leben also ein »Problem« in Ihr Bewußtsein gibt, ist es eine Aufgabe, und in dem Augenblick, in dem Sie es erkennen, können Sie die Lösung herbeiführen, sonst würde das Leben diese Aufgabe nicht in Ihr Bewußtsein geben. Wenn sich also eine Aufgabe stellt, können Sie sie auch lösen. Also gibt es eigentlich keine Probleme, sondern nur Lektionen, die es zu lernen gilt.

Viele Menschen haben Angst vor dieser Aufgabe, dieser Lektion - und dann wird sie zum Problem.

Die Aufgabe ist es also, sich dieser Angst zu stellen und sie aufzulösen. Sie würden nicht vor dieser Aufgabe stehen, wenn Sie sie nicht bewältigen könnten und es nicht der richtige Zeitpunkt wäre. Wenn Sie es nicht tun, dann wird diese Lektion so unerfreulich und letztlich so unerträglich, bis Sie schließlich sagen: »So geht es nicht weiter. Jetzt muß etwas geändert werden.« Was geändert werden muß, ist die Angst. Und Angst kommt aus dem lateinischen angustus = Enge. Das bedeutet, das Bewußtsein zu erweitern und zu sagen: »Moment, ich sollte die Dinge an mich herankommen lassen, mich den Dingen stellen und sie dann lösen.«

Schon Seneca hat gesagt: »Nicht, weil es schwer ist, wagen wir es nicht, sondern weil wir es nicht wagen, ist es schwer.« Das genau ist es - wir wollen nicht an die Sache herangehen - und dann ist die Angst da.

Aber, jede Angst, der wir ins Auge schauen, wird kleiner, und jede Angst, der Sie davonlaufen, wird größer, macht es Ihnen beim nächsten Mal schwerer.

Das ist also die Aufgabe, und ich hoffe, daß Sie es können. Es bleibt Ihnen auch gar nichts anderes übrig, denn Sie haben so lange gewartet, bis es nicht mehr anders geht. Gut, jetzt müssen Sie etwas unternehmen und werden sagen: »Das hätte ich mir auch ersparen können. Das hätte ich schon früher haben können.« Letztlich ist es also kein Problem, sondern ein Geschenk.

Das sollten wir uns bewußt machen: Das, was wir Problem nennen, ist immer ein Geschenk. Das heißt, das Problem ist eigentlich nur das Geschenkpapier. Das Geschenk darin ist die Erkenntnis. In jedem Problem wartet eine Erkenntnis auf Sie. Solange Sie es nicht aufmachen, das Papier nicht lösen, können Sie nicht sehen, was drin ist, kommen Sie nicht an Ihr Geschenk. Sie müssen also das Geschenkpapier lösen, dieses scheinbare Problem, und dann erfahren Sie die Erkenntnis. Zum Beispiel: Angst hat in meinem Wesen keine Wirklichkeit. Sobald ich ich selbst bin, kann ich nicht gleichzeitig ängstlich sein, denn ich bin ein Teil der stärksten Kraft des Universums. Wovor sollte ich also Angst haben? Es gibt nichts, was stärker ist als ich. Also spreche ich mit den Beteiligten, einem nach dem anderen, bleibe liebevoll, beharrlich, konsequent. Und Sie werden sehen, in diesem Bewußtsein, das Sie dann haben, lösen sich die Dinge in der nächsten Woche auf. Und am nächsten Wochenende können Sie zurückblicken und sagen: »Und damit habe ich es mir die ganze Zeit so schwer gemacht? Das hätte ich früher haben können.« Aber die Voraussetzung ist dieses Bewußtsein. Deswegen sage ich: »Der Erfolg hängt vom Grad unseres Bewußtseins ab. Wir können alle diese Schlüssel nutzen und einsetzen. Aber wenn unser Bewußtsein nicht stimmt, ist auch der Gebrauch nicht stimmig. Und das ist die Hauptsache, daß wir stimmen. Wenn wir stimmen, dann gibt es kein Problem mehr. Dann gibt es nur noch Aufgaben. Wir können uns dann auch nicht mehr über Schwierigkeiten im Leben beschweren, denn Schwierigkeiten machen das Leben erst interessant.

Sie sagen »Nein«? Stellen Sie sich vor, Sie würden mit Boris Becker Tennis spielen. Er würde die Bälle immer so in der Mitte über das Netz heben, daß Sie jeden erreichen, und Sie würden gewinnen. Sie würden sagen: »Davon habe ich nichts, wenn ich mit ihm Tennis spiele. Ich gewinne sowieso; es ist kein Spiel. Ich muß herausgefordert werden, es muß schwierig sein. Ich muß einmal springen müssen oder mich hinwerfen, um den Ball gerade noch zu kriegen.« Dann können Sie sagen: »Das war anstrengend; aber es war ein tolles Spiel.« Genau mit dieser Einstellung sollten wir durchs Leben gehen.

Und eines Tages werden Sie zu der Erkenntnis gelangen: Immer wenn ich ein Problem gelöst habe, bin ich danach wesentlich stärker. Sie wissen doch: Was uns nicht umwirft, macht uns nur härter.

Und damit kommen wir zum *vierzehnten* Schritt:

Umgang mit Lob, Kritik, Mißerfolg, Ablehnung

Wie gehen Sie damit um? Glauben Sie auch: Mit Lob habe ich keine Schwierigkeiten, davon kann ich nie genug bekommen? Wie reagieren Sie auf Lob?

Prüfen Sie, ob Sie wirklich in der Lage sind, ein Kompliment natürlich anzunehmen. Den meisten gelingt das nämlich nicht:

– Meinen Sie, ach Gott, ich habe doch nur meine Pflicht getan.
– Das hätte doch jeder an meiner Stelle getan.
– Ich will nicht so übertreiben, aber das ist doch selbstverständlich, ich bitte Sie.
– Es ist doch nicht der Rede wert.

Lob ist ihnen genauso unangenehm wie Kritik. Und da sollten wir einmal hinschauen, das ist hochinteressant:

Bei Kritik gibt es nur zwei Möglichkeiten. Entweder der andere hat recht mit seiner Kritik, dann hat er nur die Wahrheit gesagt und ich darf ihm nicht böse sein. Er war ehrlich und hat mich auf etwas aufmerksam gemacht, was ich bisher vielleicht übersehen habe - einen Teil der Wirklichkeit. Oder aber er hat unrecht. Dann sollte ich ihm erst recht nicht böse sein, denn dann betrifft es mich gar nicht. Er hat sich einfach nur geirrt. Warum sollte er sich nicht einmal irren dürfen? Vielleicht haben Sie sich ja auch schon einmal geirrt!?

So sollten Sie also mit Kritik umgehen. Bleiben Sie immer in dieser Haltung, denken Sie daran, Sie wissen inzwischen, daß Sie das sofort im Bewußtsein vollziehen. Aber funktioniert es auch morgen oder nächste Woche, wenn Sie kritisiert werden? Oder reagiert dann wieder das Ego und verzieht sich unter die Bettdecke? Bleiben Sie im Vollziehen, nicht nur im Erkennen und Zustimmen. Integrieren Sie diesen Schritt sofort in Ihr Bewußtsein und vollziehen Sie ihn. Ob Sie jemand lobt oder kritisiert: Es gibt nur zwei Möglichkeiten. Er hat recht oder unrecht. Und ein unberechtigtes Lob ist bedeutungslos und betrifft Sie genauso wenig wie eine unberechtigte Kritik. Also können Sie darüber hinweggehen und das Lob dankbar annehmen als Bestätigung für richtiges Handeln. Sie brauchen sich nicht in eine scheinbare Bescheidenheit flüchten, in eine Rolle, sondern können danke sagen und packen das Lob in den Sack zu den anderen. Mit der Kritik sollten Sie genauso selbstverständlich umgehen.

Wie ist es mit Ablehnung? Wann immer Sie abgelehnt werden, ist dies ein Zeichen dafür, daß Sie sich selbst ablehnen. Sie werden mit Ablehnung konfrontiert, weil Sie sich nicht akzeptieren. In dem Maße, wie Sie sich akzeptieren, werden Sie von den anderen akzeptiert. Also, auch hier liegt es wieder in Ihrer Hand.

Und Mißerfolg ist nur eine Botschaft des Lebens: »Das war noch nicht optimal. Das kannst du besser. *So* brauchst du es nicht mehr zu versuchen. *So* klappt es nicht.« Manche Leute lernen aus Mißerfolgen nicht. Sie alle kennen die Redensarten: »Ich habe es dir schon hundertmal gesagt.« Wenn er es hundertmal gesagt hat, müßte er doch langsam begriffen haben, daß es so keinen Zweck hat.

Wenn Sie einem Kind sagen: »Ich habe dir schon hundertmal gesagt, du sollst dir die Füße abputzen, wenn du aus dem Garten kommst«, ist das also nicht der richtige Weg. Das Leben sagt nur: »So geht es nicht. Du mußt einen anderen Weg finden.«

Schauen wir einmal einen Mißerfolg an. Welche Botschaft könnte sich dahinter verbergen? Was könnten Sie mißbilligen? Im Idealfall fällt Ihnen jetzt nichts mehr ein, weil Sie sagen:»Eigentlich müßte ich jetzt jeder Aufgabe gewachsen sein.« Gut so!

Nehmen Sie Mißerfolg als eine Botschaft, es besser zu machen und als ein Sprungbrett zum eigentlichen Erfolg.

Die Chancen und Möglichkeiten des Lebens suchen und nutzen

Beim *fünfzehnten* Schritt kommt es wieder auf das richtige Bewußtsein an. Sind Sie im richten Bewußtsein, dann erkennen Sie: Das Leben bietet mir nur Chancen, nichts anderes. In jeder Krise steckt eine Chance. Jede Krankheit ist eine Chance und jede Schwierigkeit nur eine versteckte Gelegenheit für einen Erfolg.

Prüfen Sie auch hier wieder, ob es stimmt. Suchen Sie ein Beispiel, bei dem Sie sagen:»Ja, aber in dem Fall kann ich das nicht gleich erkennen.« Gibt es eine Schwierigkeit, bei der Sie sagen:»Da kann ich also nun wirklich nicht die Chance erkennen?« Konstruieren wir einmal:

Da ist also einer, der hat Schulden, immense Schulden, er aber stellt sich hin und sagt:»Schulden zurückzahlen kann ich nicht - Ich bin pleite. Ich habe keine Möglichkeiten.« Das können wir als Schöpfer natürlich nicht einfach so hinnehmen. Wenn wir vor einer Aufgabe stehen und die Aufgabe besteht darin, Schulden zurückzuzahlen, dann muß es eine Möglichkeit geben. Worin besteht die Unmöglichkeit? Wie kommt er zu dieser Einstellung, er hätte keine oder sähe keine Möglichkeit, die Schulden zurückzuzahlen? Ich frage ihn, und seine Antwort lautet:»Ein gewisses Maß ist überschritten.«

Sie können sich natürlich vorstellen, daß es irgend jemanden auf der Welt gibt, der dieses Maß als lächerlich gering ansieht: »Das kann ich aus der Portokasse bezahlen. Dann ist die Sache wieder ausgeglichen.« Die verborgene Chance für ihn in unserem Beispiel ist, das gewisse Maß in seinen Einnahmemöglichkeiten zu erweitern, indem er erkennt: Wenn ich in der Lage war, soviel Schulden zu machen, dann muß ich auch in der Lage sein, soviel zurückzuzahlen, soviel zu verdienen, soviel zu erschaffen.

Also appelliere ich an Sie:

Finden Sie Ihren Weg, mit Ihren Möglichkeiten, in Ihrer Situation, an Ihrem Platz. Und Sie werden sehen: Die Chance wartet die ganze Zeit auf Sie, soviel zu verdienen, daß Sie alles zurückzahlen können.

Aber was heißt das überhaupt. Es ist ein gewisses Maß überschritten?

Sagt unser Beispiel: In meiner momentanen Situation habe ich nicht einmal die Möglichkeit, die Zinsen zu bezahlen.

Sage ich: Da ist doch die Chance darin, diese momentanen Möglichkeiten zu erweitern. Da ist ein Schöpfer, der offensichtlich im Mangel lebt. Das ist ein Widerspruch, und die Situation ist nur deshalb möglich, weil sich der Schöpfer nicht als Schöpfer erkennt (Die Ausrede haben Sie jetzt nicht mehr!). Oder aber er hat sich als Schöpfer erkannt, aber von seinen schöpferischen Möglichkeiten keinen, zu wenig oder nicht den richtigen Gebrauch gemacht. Also lautet die Aufforderung, die Chance, zu sagen: »Wenn ich ein Schöpfer bin, wenn diese Aufgabe besteht, dann muß ich jetzt eine Lösung finden. Derzeit war ich nicht einmal in der Lage, die Zinsen zu bezahlen. Jetzt möchte ich sogar das Ganze noch tilgen.« Sie könnten sich durchaus einen Zeitrahmen stecken, der Ihnen realistisch erscheint - ein Jahr, drei Jahre, ich weiß nicht, was Sie glauben können - und in dieser Zeit haben Sie es geschafft. Es ist besonders wichtig, daß Sie sich mit einer Zeit unter Druck setzen, weil dann in dieser Zeit die Ideen kommen, die Möglichkeiten erkannt werden, die Chancen sich bieten, die Zufälle passieren, damit die Schulden zurückgezahlt werden. Wichtig ist nur, zu wissen: »Ich bin ein Schöpfer, und ich glaube, daß ich es in drei Jahren geschafft habe« - oder in einer Zeit, die Sie glauben können. Bleiben Sie also in dem Rahmen, den Sie glauben können.

Und wie macht man es, sich davon zu überzeugen, daß man es glaubt?, könnten Sie fragen.

Fangen Sie mit kleinen Schritten an. Sagen Sie zum Beispiel: »Im nächsten Monat verdiene ich soviel, daß ich die Zinsen des Monats bezahlen kann.« Im übernächsten Monat verdienen Sie soviel, daß Sie die Zinsen des übernächsten Monats bezahlen können. Aus dieser Erfahrung des einen Monats haben Sie vielleicht die Zuversicht zu glauben, daß Sie im dritten Monat anfangen können zu tilgen.

Nehmen Sie den ersten Schritt so klein - oder so groß, daß Sie ihn gerade noch glauben können. Und das gilt für alle. Wenn Sie in einer Situation sind, in der Sie sagen: »Ja, da müßte ich soundsoviel Glauben haben, um das zu lösen; aber ich habe nur soviel, dann finden Sie eine vorläufige Teillösung, die mit dieser Glaubenskapazität zu verwirklichen ist. Und aus dieser Erfahrung erweitern Sie Ihren Glauben. Dann sind wir wieder in der Macht der kleinen Schritte. Und Schritt für Schritt erweitern Sie Ihren Glauben, bis Sie das Ganze (zum Beispiel) in drei Jahren gelöst haben. Es gibt keinen anderen Weg. Wenn Sie es nicht tun und, nehmen wir einmal an, einen Offenbarungseid leisten würden:»Es tut mir leid, geht nicht,« dann hätten Sie sich die Tür zugeschlagen und würden nie mehr in diesem

Leben zu Vermögen kommen. Es würde Ihnen sofort wieder weggenommen werden. Außerdem wachsen die Zinsen der Schuld so an, daß Sie dann sagen: »In diesem Leben brauche ich es gar nicht mehr zu versuchen.« Aber wenn Sie es nicht versuchen, es nicht lösen, seien Sie sicher: Keiner kommt davon, ehe nicht der letzte Heller bezahlt ist. Das heißt, Sie werden immer wieder und wieder geduldig vom Leben vor die gleiche Aufgabe gestellt, immer ein bißchen schwieriger, immer ein bißchen härter, immer unter ungünstigeren Umständen, bis Sie eines Tages sagen: »So, jetzt kann ich das nicht mehr aushalten. Jetzt muß etwas geschehen.« Dann geschieht etwas, und dann tun Sie das, was Sie auch schon vorher hätten tun können, allerdings damals leichter und besser. Irgendwann *müssen* Sie es tun.

Wenn Sie das einmal begriffen haben - daß Sie sich vor keiner Aufgabe drücken können - dann sind Sie schon ein großes Stück weiter. Es ist noch keinem gelungen, eine Ursache zu setzen und der Wirkung zu entfliehen. Das funktioniert nicht. Wenn Sie das wissen, können Sie es sich zur Gewohnheit machen, die unangenehmsten Dinge immer sofort anzupacken.

Es kommt immer darauf an, von welcher Seite wir die Dinge betrachten.

Da gibt es die wunderbare Geschichte von dem Schuhverkäufer:

Ein Schuhverkäufer besuchte eines Tages eine abgelegene Insel und berichtete, als er zurückkam, seinem Chef enttäuscht: »Dort trägt überhaupt keiner Schuhe. Dort können wir keine Geschäfte machen.« Einige Zeit darauf war ein anderer Schuhverkäufer der gleichen Firma auf derselben Insel, kehrte begeistert zurück und rief noch in der Tür: »Mensch, dort trägt keiner Schuhe. Dort können wir Riesenumsätze machen.« Die Situation war die gleiche, nur die Art, damit umzugehen, anders. Und genau darauf kommt es an!

Und noch eine Geschichte:

In der letzten Woche kam ein Freund von einer langen Geschäftsreise zurück, und seine Lebenspartnerin erzählte ihm: »Stell dir vor, der Soundso hatte einen Autounfall. Er ist total gelähmt, kann nur noch den Kopf bewegen. Seine Verlobte ist verzweifelt und weiß nicht, was sie tun soll. Entweder bleibt sie bei ihm, obwohl die Ärzte gesagt haben, daß sich die Situation nicht mehr ändern wird, oder sie trennt sich von ihm.« Daraufhin sagte er zu seiner Lebensgefährtin: »Belaste dich doch nicht mit Problemen, die dich nicht persönlich angehen. Wenn ich in der Situation der Frau wäre, würde ich eine Analyse machen, was mir die Beziehung wert ist. Wenn sie ihr nichts wert ist, muß sie sich von dem jungen Mann trennen, auch wenn es hart ist.«

So würden viele reagieren. Aber Sie würden jetzt, nach all den Lektionen, die Sie gelernt haben, anders antworten. Sie würden sagen: »Wenn die beiden zusammengehören, dann ist das kein Hindernis. Wenn sie nicht zusammengehören, dann kann der junge Mann schön und heil werden, und sie werden sich doch trennen.« Das ist doch die entscheidende Frage: Stimmt es, daß wir zusammengehören? Ja oder nein - und nicht, ob die Umstände günstig oder ungünstig sind. Entweder wir gehören zusammen oder nicht.

Damit stellen sich derartige Fragen nicht, die der Verstand ohnehin nicht lösen kann, denn der kommt mit Argumenten dafür und dagegen: Auf der einen Seite kann man doch jemanden nicht im Stich lassen. Auf der anderen Seite habe ich dann mein ganzes Leben weggeworfen und lebe immer mit der Belastung und zerbreche vielleicht daran. Der Verstand kommt zu keiner Lösung. Der Verstand hat meistens ausgewogene Argumente dafür und dagegen.

Mit dem Bewußtsein aber stellt sich die Frage überhaupt nicht. Sie ist gar nicht mehr existent. Ich schaue hin: »Ist das mein Partner?«

Wenn ja, ist er es unter allen Umständen. Wenn nein, ist er es unter keinen Umständen.

Darauf möchte ich Sie immer wieder hinweisen: Erliegen Sie nicht der Versuchung, in den Verstand abzurutschen. Natürlich benutzen Sie Ihren Verstand, aber seien Sie nicht im Verstand. Seien Sie im Bewußtsein. Und aus dem Bewußtsein verschwinden solche Schwierigkeiten.

Menschenkenntnis und Selbsterkenntnis

Sechzehnter Schritt: Hermes Trismegistos hat bereits vor fünftausend Jahren in der *Tabula Smaragdina* festgestellt: Wie innen, so außen. Das ist ein Gesetz, und deshalb kann man am Aussehen eines Menschen seinen Charakter erkennen, am Äußeren das unsichtbare Innere. Die Idee ist gar nicht neu, und jeder macht es. Schon als kleines Kind haben Sie in das Gesicht Ihrer Mutter geschaut und gesehen, ob sie gut oder schlecht gelaunt war. Sie kannten den Begriff Physiognomik noch nicht, haben sie aber schon angewendet - unbewußt. Als Sie älter wurden, erkannten Sie am Verhalten Ihrer Mutter sofort, ob sie Ihr Naschen an der Marmelade schon gemerkt hatte oder noch nicht. All das läßt sich am Verhalten, an der Gestik, Mimik, Aussehen des anderen feststellen. Und somit ist natürlich die Menschenkenntnis ein idealer Weg, sich selbst kennenzulernen und mit Hilfe eines Spiegels das verborgene Innere sichtbar zu machen, sich anzuschauen und sich wirklich zu analysieren, um sich so näherzukommen. Vielleicht haben Sie Lust auf einige Tests, um sich in einzelnen Bereichen besser kennenzulernen.

Ganz beliebt ist der: Sie sind auf Ihrem Weg und plötzlich steht vor Ihnen eine Mauer. Was machen Sie? Versuchen Sie, darüberzuklettern? Um die Mauer herumzugehen? Ein Loch unten durchzu-graben? Gehen Sie wieder nach Hause und sagen: »Hier geht es nicht weiter?« Wie gehen Sie - seien Sie einmal ehrlich mit sich -, mit die-sem Hindernis um? Wie reagieren Sie?

Nun, Sie können entweder auf diesem Weg bleiben und die Mau-er beseitigen, oder einen anderen Weg wählen. Aber wenn Sie in die-sem Bewußtsein sind, wissen Sie: Wenn das mein Weg ist, dann muß es eine Möglichkeit geben, die Mauer zu umgehen. Bleiben Sie in diesem Bewußtsein!

Die geistigen Gesetze

Über diesen Punkt, den *siebzehnten,* brauchen wir nicht zu spre-chen. Das ist ein Thema für sich. Es ist zu ausführlich. Seit einiger Zeit gibt es ein Buch darüber. Mit diesen geistigen Gesetzen sollten Sie sich sehr intensiv und sorgfältig auseinandersetzen, damit Sie sinnvoll damit umgehen können. Wenn Sie Zeit und Muße haben, können Sie sich ja anschließend dieses Buch besorgen.

Das Geheimnis der ersten Worte

Kommen wir zum *achtzehnten* Erfolgsschritt. Was heißt das? Es besagt: Es antwortet die Ebene, die Sie im anderen ansprechen. Spre-chen Sie seinen Verstand an, wird er gefühlsmäßig reagieren. Spre-chen Sie sein Herz an, wird sein Herz antworten. Sie entscheiden also mit dem ersten Wort, auf welcher Ebene Sie sich begegnen.

Das ist besonders bei Erstkontakten wichtig. Erster Schritt: Ich sorge dafür, daß ich ich selbst bin, daß ich im richtigen Bewußtsein, daß ich stimmig bin. Und jetzt mache ich mir bewußt: Wer ist der andere? Ich spreche den anderen nicht in seiner Rolle als Kunden oder Gerichtsvollzieher, als Steuerprüfer oder Sachbearbeiter oder als Beamter an, sondern ich spreche ihn an als der, der er wirklich ist. Dann wird er selbst reagieren, er selbst antworten.

Ich habe es unzählige Male erlebt, wie jemand zu Beginn eines Gesprächs eine Ablehnung formuliert und sich dann im Laufe des Gesprächs in dem Maße gewandelt hat, wie der andere von diesem Geheimnis Gebrauch machte.

Das steht schon so bei Jesaja 55,11: »Mein Wort kehrt nicht leer zu mir zurück, sondern soll vollbringen, woran ich Wohlgefallen habe, soll Gedeihen bewirken in dem, wozu ich es sagte.«

Genau das ist es. Wir sollten ein Wort aussenden wie einen Botschafter. Und dazu gehört natürlich auch, daß wir Geschenke in Form von Worten machen, indem wir uns bewußt werden: Jedes meiner Worte sollte ein Geschenk sein. Ist das, was ich gerade sage, wirklich ein Geschenk für den anderen, oder bin ich nur dabei, mich darzustellen? Oder warte ich nur darauf, damit der andere aufhört, daß ich meine wohlgeordneten Argumente loswerden kann? Zum Geheimnis des ersten Wortes gehört natürlich auch das Geheimnis des Zuhörens. Und dieses Geheimnis besteht darin, nicht nur mit den Ohren zuzuhören. Die meisten hören nicht einmal mit den Ohren richtig zu und könnten gar nicht wiederholen, was der andere gesagt hat. Aber selbst wenn sie es richtig wiederholen könnten, sie würden nicht dasselbe darunter verstehen. Deswegen ist es wichtiger, daß wir - wie Saint Exupéry so schön gesagt hat - mit dem Herzen zuhören, damit wir auch das hören, was der andere nicht gesagt, aber gemeint hat; was er vielleicht gar nicht sagen kann, weil er sich nicht traut, oder es nicht formulieren kann. Wenn ich mit dem Herzen hinhöre, dann verstehe ich ihn - sogar ohne Worte! Jedes meiner Worte sollte für den anderen ein Geschenk sein. Ein Wort, das kein Geschenk ist, sollte unausgesprochen bleiben.

Intuition

Und damit kommen wir zum *neunzehnten* Schritt.

Intuition ist ein herausfordernd unklarer Begriff. Wir verstehen viel unter Intuition, aber den Begriff selbst verstehen wir kaum. Wir sprechen von Ahnungen, von unterschwelligen Wahrnehmungen, von Vorauswissen oder instinktiven Reaktionen. Wir gestehen manchen Menschen Einfühlungsvermögen zu. Andere haben ein hohes Maß an Sensibilität. Wir verwenden ganz selbstverständlich Begriffe *wie kreativer Einfall, Inspiration, zündende Idee, Geistesblitz, plötzliche Eingebung* oder auch nur *guter Riecher* oder *ein geistiges Auge*. Oder *wir spüren, was in der Luft liegt.* Mit all diesen Umschreibungen meinen wir eine unbekannte Informationsquelle, aus der wir gelegentlich, meist nicht absichtlich, schöpfen, und die uns die richtige Information gibt. Das Wichtigste an der Intuition ist: sie stimmt. Wenn es wirklich Intuition ist, können Sie sich darauf verlassen. Intuition kommt von *intueri* = anschauen und wird in der westlichen Welt nicht so geschätzt, weil wir zuviel der heiligen Kuh Objektivität = Verstand geopfert haben. Und Intuition ist, zumindest am Anfang, nicht so objektiv konkret faßbar wie ein Gedanke, dafür aber sehr viel umfassender. Wir können sagen, Intuition ist die höchste Form des Wissens. Über die Intuition sind wir in der Lage, einen komplizierten und komplexen Vorgang in Bruchteilen einer Sekunde ganzheitlich und umfassend zu erfassen.

Kann man aber Intuition lernen oder trainieren? Zunächst einmal müssen wir uns bewußt machen: Jeder Mensch verfügt über Intuition, und jeder hat schon einmal erlebt, daß er plötzlich eine Eingebung hatte, die sich dann als richtig erwies. Nun kann man sagen: »Allein nach dem Gesetz der Wahrscheinlichkeit muß sich das gelegentlich als richtig erweisen, was einem da einfällt.« Das ist nicht das Besondere. Das Besondere daran ist, daß man im gleichen

Augenblick weiß, daß es richtig ist. Wenn Sie eine intuitive Information haben, wissen Sie - Sie wissen nicht woher, aber Sie wissen es: So ist es.

Sehr oft braucht es eine gewisse Zeit, bis die Intuition zum Durchbruch kommt. Sie bedarf einer gewissen Vorbereitung, eines gewissen Bodens, den, der in der Kunst des Bogenschießens als *absichtslose Gespanntheit* oder als *absichtsloses Gespanntsein* beschrieben wird. Also, dieses Bewußtsein, das wir - Sie und ich - inzwischen haben, ist höchst intuitionsverdächtig. Wenn Sie so bleiben und Ihr Bewußtsein auf eine Frage richten, die Sie aus dem Verstand nicht beantworten können, weil die Informationen fehlen, und Sie gehen in eine Denkpause, die Sie noch mit der Atempause unterstützen, dann können Sie Ihre Intuition fast hervorrufen. Also: Intuition ist das unmittelbare Erfassen der Wirklichkeit. Die richtige Entscheidung kann man nur mit der Intuition treffen. Ganz speziell in der Wirtschaft stehen wir immer wieder vor Entscheidungen, die sich aber als richtig erweisen müssen, für die unzureichende Informationen vorliegen. Da ist der einzige Weg über die Intuition. Und es hat sich gezeigt, daß der größte Teil der Topmanager, denen es gelungen ist, in den letzten fünf Jahren den Umsatz ihrer Firma zu verdoppeln, über hohe intuitive Qualitäten verfügt. Wer hätte das gedacht?

Ich habe eben den Begriff »Atempause« erwähnt. Wissen Sie, was ich damit meine?

Nun, die Atempause muß in der Länge dosiert werden. (Wenn sie länger ausgedehnt wird, dann ist sie eine hervorragende Problemlösungstechnik. Wenn Sie zehn Minuten nicht atmen, haben Sie alle Ihre Probleme gelöst. Deswegen ist das so nicht zu empfehlen. Es gibt da bessere Techniken, wie wir gesehen haben.)

Aber Sie können es einmal probieren: Wenn Sie einatmen und wieder ausatmen, ergibt sich ganz natürlich eine Atempause, und zwar nicht da, wo sie von der Logik sein sollte. Wenn man eingeatmet hat, hat man genug Luft, da kommt die Atempause nicht. Wenn Sie eingeatmet haben, haben Sie das Bedürfnis, sofort wieder auszuatmen. Aber wenn Sie ausgeatmet haben und eigentlich nach Luft hungrig sein sollten, da kommt eine ganz natürliche Atempause, eine, zwei, drei Sekunden - oder auch länger. Und dann kommt der nächste Atemzug.

Wenn Sie jetzt in die Gedankenstille gehen und sich Ihre Frage bewußtmachen, die Sie über die Intuition beantwortet wissen möchten, und Sie halten diese Frage in der Gedankenstille im Bewußtsein - wie wir das geübt haben - dann treffen in den Sekunden der Atempause alle optimalen Bedingungen zusammen. Die Gedankenstille, die Ausrichtung des Bewußtseins auf die Frage (sie wird ja festgehalten) und die Atempause.

Sie werden sehen, ein Intuitionsblitz schlägt häufig in die Gedankenstille und in die Atempause ein.

Konzentrieren Sie sich bitte in der Gedankenstille auf einen Punkt oder auf Ihren Atem - das ist auch ein Punkt - und dann haben Sie schon einmal, wie wir es in der Meditation immer sagen, *die Vielfalt Ihrer Gedanken auf einen Punkt konzentriert*. Wenn Sie so weit sind und alles andere losgelassen haben - Sie sind bei diesem Punkt - dann lassen Sie auch diesen Punkt los, den Atem zum Beispiel. Schauen Sie hin, bis nur noch der Atem existiert, und dann lassen Sie ihn los. Dann sind Sie im Nichts, in der Atemstille. Während dieser Zeit halten Sie im Bewußtsein, was Sie über die Intuition erfahren möchten. Und in der Atempause, oft ist es nur eine Sekunde, kommt die Intuition am leichtesten. Es ist, als wären alle Türen offen, die Tür des Atmens, die Tür der Gedanken, die Klarheit der Frage, alles kommt zusammen. Das ist eine Technik, die ich als Unternehmensberater mit sehr viel Erfolg mit meinen Klienten trainiert habe, um wirtschaftliche Probleme zu lösen.

Wir brauchen also drei Schritte.

Erster Schritt: Zu wissen, Intuition ist da und trainierbar.

Ich habe sie und ich beginne damit, sie möglich zu machen, indem ich Intuitionshindernisse abbaue. Ich überprüfe meine Einstellung zur Intuition. Vertraue ich der Intuition? Glaube ich überhaupt an so etwas? Ich mache mir bewußt, welche Vorurteile gegenüber der Intuition ich durch Umwelt und Erziehung habe. Ich mache mir im ersten Schritt meine persönliche Einstellung zur Intuition bewußt und bereinige sie. Ich öffne mich grundsätzlich der Intuition.

Beim zweiten Schritt schaffe ich günstige Umstände für die Intuition. Das kann ein Zustand der Gedankenlosigkeit, des Dösens sein, oder ich kenne eine Möglichkeit, Gedankenstille herbeizuführen. Dann die Atempause. Die Kunst des Sichvergessens. Setzen Sie sich doch einmal irgendwo bequem hin und vergessen Sie sich. Schauen Sie zum Fenster heraus oder auf irgend etwas und vergessen Sie, wer Sie sind, was Sie tun. Gehen Sie ganz in das Beobachten hinein. In diesem Augenblick des Sichselbstvergessens - was eine Kunst ist, die man aber lernen kann - geschieht Intuition sehr häufig, fast regelmäßig.

Ein anderer Weg ist, in der Meditation mit der allumfassenden Wirklichkeit eins zu sein, also in die Einheit zu gehen, und in diesem Einssein mit dem allumfassenden Informationsfeld richten Sie den Scheinwerfer Ihres Bewußtseins auf Ihre Frage und erkennen die Antwort.

Aber natürlich müssen Sie stimmig sein. Stimmigsein ist eine ideale Voraussetzung für Intuition in jeder Situation. So, das sind die günstigen Umstände.

Und jetzt zum dritten Schritt: Nutzen Sie jede Gelegenheit zu Ihrem persönlichen Intuitions-training. Das heißt konkret: Wenn Sie zum Beispiel Fußballfan sind: Mit welchem Ergebnis wird meine Mannschaft spielen? Vorhersagen. Sie erleben dann gleich immer, ob Sie richtig liegen. Oder Sie stehen in einem Kaufhaus. Da sind zwei, drei Aufzüge. Sie fragen sich intuitiv: Welcher kommt zuerst? Sie demonstrieren das auch. Sie stellen sich direkt vor die verschlossene Tür. Sie wissen, der kommt. Oder das Telefon klingelt und Sie schauen zuerst einmal hin, wer dran ist. Oder Sie haben gerade einen Moment Zeit, Sie schauen, bevor die Post da ist oder Sie sie aus dem Briefkasten holen: Wer schreibt mir heute, und was schreibt er? Von wem bekomme ich Post? Sie sind unterwegs mit dem Wagen und fragen sich: Welche Strecke ist heute günstiger? Aha, heute sollte ich nicht die Autobahn nehmen.

Sofort kommt der Verstand und fragt: »Wieso nicht? Es ist doch Mittwoch und um diese Zeit müßte der Verkehr doch eigentlich...« »Moment, die Intuition sagt nein.« Vielleicht hören Sie am Abend in den Nachrichten: Sperrung der A 3 wegen Unfall, großräumige Umfahrung erforderlich. Dann wissen Sie: Ach, deswegen sollte ich nicht.

Üben Sie schnelles Entscheiden bei Dingen, bei denen es nicht darauf ankommt. Nehmen Sie zum Beispiel im Restaurant die Speisekarte und in zehn Sekunden haben Sie sich entschieden.

Oder schalten Sie den Ton des Fernsehgerätes ab und verfolgen Sie intuitiv, was geschieht. Was sagt er gerade zu ihr und wie reagiert sie? Sie haben einen Anhaltspunkt, aber Sie ergänzen ihn durch Intuition.

Oder Ihnen begegnet ein Fremder zum ersten Mal. Sie beschreiben ihn nach ein paar Sekunden: Charakter, partnerschaftliche Situation, gesundheitlicher Zustand und so weiter.

Ich hatte einen phantastischen Trainer in meiner Jugend, einen Personalchef, bei dem ich Stellvertreter war. Wir mußten unsere Arbeit des ganzen Tages immer am Vormittag schaffen. Das war unser

Effektivitätstraining, die Arbeit eines ganzen Tages im halben Tag zu schaffen. Und die andere Hälfte des Tages diente dann unserer Ausbildung. Das heißt, wir haben jemanden aus dem Betrieb gerufen und durften ihm in einer Minute drei Fragen stellen. Er wurde dann wieder zurückgeschickt. Danach mußten wir uns an die Maschine setzen und über diesen Menschen zehn DIN A 4 Seiten schreiben. Wer war das? Charakter, Eigenschaften, Gesundheitszustand, partnerschaftliche Situation, Zukunftsaussichten, berufliche Qualifikation und so weiter. Und es funktionierte.

Intuition ist nichts, was Sie erlernen können oder müssen. Sie müssen nur lernen, der Intuition zu vertrauen, sie zu trainieren und sich immer wieder hinterfragen: Stimmt es, was ich gerade intuitiv erfaßt habe? Ist der wirklich am Telefon? Geht das Fußballspiel wirklich so aus? Kommt dieser Aufzug wirklich zuerst? Ist wirklich dort hinten mein Parkplatz? Machen Sie es sich zur Gewohnheit, diese Intuition ständig zu trainieren.

Dann kommt wieder die Macht der kleinen Schritte, die Erfahrung: Ich kann mich auf meine Intuition verlassen. Ich weiß, wenn ich dieses Gespür habe, dann ist es meine Intuition. Finden Sie heraus, wie sich Intuition bei Ihnen bemerkbar macht. Bei dem einen ist es ein Bild, bei dem anderen eine Stimme, bei dem nächsten eine innere Gewißheit oder so ein Gefühl im Bauch.

Wenn Sie es herausgefunden haben und das Signal ist da, dann wissen Sie, das war Intuition, jetzt kann ich mich hundertprozentig darauf verlassen. Und dann können Sie auch in einer Firma eine Vorhersage machen für einen Markt, den noch niemand beurteilen kann. Ihre Gesprächspartner werden sagen: »Niemand kann die Marktsituation in fünf Jahren so präzise sagen.« Sie wissen aber auch, es gibt immer wieder Koryphäen in der Firmenleitung, die solche Vorhersagen machen können. Und dann sagt man: »Mensch, der hat einen Riecher, ein Gefühl, ein Händchen.« In Wirklichkeit hat er nichts anderes getan, als sich diese Informationsquelle erschlossen, die Intuition.

Halten wir fest: Sie haben Intuition. Intuition ist trainierbar und kann durch ständiges Training so perfektioniert werden, daß Sie sich wirklich absolut auf Ihre Intuition verlassen können.

Das als richtig Erkannte auch tun

Kommen wir nun zum *zwanzigsten* Schritt.

Erfolg ist kein Geschenk, Erfolg muß geschaffen werden. Nun gibt es Menschen, die sind bereit, alles für den Erfolg zu tun, außer dafür zu arbeiten.

Machen Sie sich einmal bewußt, ob Sie dazu neigen, Dinge vor sich herzuschieben, so nach dem Motto: Verschiebe nichts auf morgen, was du nicht genauso auf übermorgen verschieben kannst. Sind Sie wirklich bereit, die Dinge anzupacken, wenn sie an der Reihe sind? Vielleicht machen Sie es sich zur Gewohnheit, jeden Tag etwas Unangenehmes zu erledigen und freuen sich dann darüber, weil Sie es aus den Füßen haben. Sie werden sehen, das zu tun, was Sie als richtig erkannt haben, wird nachher wirklich zu einer Freude. Viele Menschen vergessen nämlich den Unterschied zwischen Theorie und Praxis. Sie denken, wenn sie etwas hören, sei es auch schon getan. Wenn sie es dann wieder hören, weil das Leben sie daran erinnert, sagen sie: »»Ja, ja, kenne ich schon, weiß ich.«

Was in Ihrem Leben wäre zu tun gewesen und ist bisher ungetan geblieben? Was steht an? Das dürfte bei jedem etwas anderes sein; aber jeder wird eine Sache oder mehrere Dinge finden, die er schon längst hätte getan haben sollen, getan haben könnte. Und das möchte ich Ihnen hiermit sagen: Nichts mehr aufschieben, sondern anpacken.

Die Zeitqualität

Einundzwanzigster Schritt. Viele Menschen vergessen, daß Zeit nicht nur eine Dauer hat, also eine Quantität, sondern auch eine Qualität. Wir haben schon bei unserem persönlichen Rhythmus darüber gesprochen. Jede Sache hat ihre Zeit. Versuchen Sie also nicht, dann etwas zu tun, wenn Sie gerade Zeit haben, sondern finden Sie heraus, wann Zeit für das eine und wann Zeit für das andere ist. Besonders, wenn wir Termine machen, neigen wir dazu, unseren Terminkalender zu befragen: Hier nach dem Essen müßte es eigentlich noch gehen und dort könnte ich es am Freitag anhängen, bevor ich dann zum Golfspielen gehe oder ins Wochenende fahre. Das ist die völlig falsche Frage. Das heißt, wir schieben dann Dinge ohne Rücksicht auf ihre innere Qualität in eine Lücke in unserem Terminkalender oder schaffen einfach eine Lücke.

– Wie bin ich freitags nachmittags um 16:30 Uhr?
– Wie ist mir dann zumute?
– Bin ich dazu in der Lage?
– Bin ich dann gewillt?
– Bin ich dann in der richtigen Form?
– Ist es für mich stimmig, mich damit zu befassen, oder ist dieser Termin ein weiterer in meinem Terminkalender?

Nicht mehr nach dem Terminkalender zu entscheiden, sondern nach der inneren Qualität der Aufgabe und das in Einklang bringen mit dem eigenen Rhythmus - das ist der Weg.

Wir machen uns auch viel zu wenig Gedanken über die Zeit. Mit unserem Geld gehen wir sorgfältig um - zumindest meistens. Nur mit dem Unterschied: Geld ist erneuerbar, Zeit nicht, denn Zeit ist Leben. Die Amerikaner sagen zwar: »Time is money«, aber das ist nur die halbe Wahrheit. Die ganze lautet: Zeit ist *Ihr* Leben. Zeit ist unwiederbringlich. Wenn ein Augenblick vorbei ist, wird dieser Augenblick nie mehr wieder kommen. Deswegen sollte man sich immer wieder Zeit nehmen, über die Zeit nachzudenken.

Ein kluger Mensch hat einmal gesagt:

Der Dummkopf stellt sich ihr entgegen.
Der Schlaukopf beutet sie gehörig aus.
Der Kluge begegnet ihr auf allen Wegen.
Der große Mann geht seiner Zeit voraus.

Genau das ist unsere Aufgabe - immer wieder einmal unseren Terminkalender in die Hand zu nehmen und der Zeit vorauszugehen, in die Erfüllung zu gehen, in den Zeitpunkt, an dem sich unser Wunsch erfüllt hat, und von dort aus in der Rückschau betrachten:

- Was hätte ich von diesem Zeitpunkt aus gesehen gerne als Vorbereitung gehabt?
- Was brauche ich dafür?
- In welcher Situation sollte ich sein?

Damit wir vom Ziel aus erkennen, was wir brauchen, um dieses Ziel zu erreichen.

Schauen Sie: Die Leute, die keine Zeit haben, das sind nicht die Erfolgreichen. Die wirklich Erfolg haben, die haben auch immer genügend Zeit für alles, was ihnen wichtig ist, denn nur deshalb sind sie erfolgreich. Sie haben gelernt, mit der Zeit sinnvoll umzugehen.

Prüfen Sie einmal Ihren Umgang mit der Zeit. Wie gehen Sie zum Beispiel mit solch einer Kleinigkeit wie Verzögerungen um, wenn Sie warten müssen? Sie haben einen Termin um 15:30 Uhr. Es ist 15:45 Uhr und der andere ist noch nicht da. Was machen Sie mit dieser Zeit?

Schauen Sie ehrlich hin: Arbeiten Sie weiter? Das wäre nicht richtig, dann wären Sie nicht vorbereitet auf den anderen. Außerdem würde er mitten in die Arbeit hereinplatzen. Dann müßten Sie später doch wieder von vorn anfangen.

Wie nutzen Sie also diese Zeit?

- Sie können sich zum Beispiel entspannen. Das ist ein guter Weg.
- Sie lassen sich einen Kaffee machen und machen dem anderen das Geschenk, Ihnen einen Dienst zu erweisen.
- Oder Sie bereiten sich noch besser auf das Gespräch vor.

Aber die beste Art der Vorbereitung ist es natürlich, dafür zu sorgen, daß Sie stimmig sind. Der nächste Schritt wäre dann, schon einmal in dieses Gespräch hineinzugehen und damit beginnen, bis der andere kommt. Das heißt: Mit der Vorbereitung beginnen, ihn im Gespräch erkennen, und anfangen, sich auf den anderen einzustimmen. Dann stimmt es, wenn der andere kommt.

Vor allem aber sollten Sie keine Zeit mehr verlieren. Machen Sie sich bewußt, wie oft Sie in diesem Leben noch in Urlaub fahren werden. Es ist gar nicht mehr so oft wie Sie denken. Es ist noch oft genug, aber viel weniger als Sie denken. Und, wenn wir schon beim Thema sind, sorgen Sie bitte dafür, daß Ihnen Leute nicht mehr Zeit stehlen.

Immer wieder gibt es Menschen, die können nicht nein sagen, wenn sie jemand in ein Gespräch verwickelt, das sie nicht interessiert. Der andere erzählt eine halbe Stunde. Sie schauen innerlich auf die Uhr. Sie sind nicht so unhöflich, direkt auf die Uhr zu schauen; aber am Ende des Gespräches sagen Sie sich: »Das hätte ich jetzt nicht zu wissen brauchen. Was hat das gebracht? Es hat ihm nichts genützt. Es hat mir nichts genützt. Wir haben jetzt eine halbe Stunde Zeit verplempert. Mehr ist nicht passiert.«

Lassen Sie das nicht mehr zu. Ich habe auch lange versucht, diese Dinge abzustellen. Ich habe einen für mich eleganten Weg gefunden. Wenn ich merke, daß das Gespräch in eine Richtung steuert, die mich nicht interessiert, frage ich den anderen nach dem dritten Satz: »Warum sagen Sie mir das?«

Dann hält er inne: »Wie meinen Sie, warum... Naja, man unterhält sich.« Sie haben ihn herausgerissen und konfrontieren ihn mit der Frage: »Was tue ich da eigentlich? Was soll das werden?« Dann haben Sie eine Chance, dem Gespräch eine Wende zu geben. Sie waren nicht taktlos, nicht unhöflich. Im Gegenteil, Sie zeigen Interesse. Sie fragen den anderen, was es werden soll: »Warum erzählen Sie mir das?«

Wir haben bereits den Begriff Punktzeit ins Bewußtsein genommen. Wir sollten lernen, in die permanente Punktzeit zu kommen. Das heißt, daß wir in jedem Augenblick sehen, was in diesem Augenblick zu tun ist, um den Augenblick zu erfüllen, um ihn loszulassen, um uns dem neuen Augenblick, dem neuen Jetzt, zuzuwenden. Das hat so viele Vorteile, man kann sie gar nicht alle aufzählen. Der wichtigste ist der, daß Sie in jedem Augenblick im Hier und Jetzt leben, dort, wo Leben tatsächlich stattfindet.

Wenn Sie schon bei der Zeit sind, nehmen Sie sich immer wieder zwischendurch die Zeit, sich zu fragen: »Was ist der aussichtsreichste Zug in diesem Spiel des Lebens? Was würde mich am weitesten bringen - beruflich, partnerschaftlich, gesundheitlich, gesellschaftlich?« Prüfen Sie jeden Bereich. Dabei sollten Sie sich auch immer wieder die Frage stellen: »Wem könnte ich heute eine Freude machen?«

Ich mache mir das Geschenk, jeden Tag zu fragen: »Wem könnte ich heute eine Freude machen?« Und ganz oft bin ich es, dem ich eine Freude mache. Nicht, wer an der Reihe ist, sondern der, für den mir gerade etwas in den Sinn kommt. Ich gehe einfach die Möglichkeiten durch: »Was könnte ich für den oder jenen tun? Wie könnte ich dem oder der eine Freude machen?«

Sehr oft ist es, daß ich dem anderen nur Zeit schenke, daß ich für ihn da bin. Für mein Kind zum Beispiel einmal einen ganzen Tag dazusein.

Aber ein noch größeres Geschenk ist es, dem Partner Zeit zu schenken. Ab und zu treffe ich auf eine enttäuschte Ehefrau, die sagt: »Am liebsten möchte ich bei meinem Mann im Terminkalender einmal eine Stunde reservieren, damit er einen Termin für mich hat. Alle möglichen Leute können anrufen und mit ihm einen Termin machen. Nur ich warte schon seit Monaten darauf, daß wir uns aussprechen. Er findet einfach keine Zeit.«

Damit Sie Zeit optimal nutzen können, möchte ich Ihr Bewußtsein noch auf einen anderen Gedanken lenken: Wem kann ich jetzt danken? Und dann finden Sie immer jemanden, dem Sie mit einem kurzen Anruf, ein paar Zeilen oder einem kleinen Geschenk danke sagen. Man muß nur daran denken. Man muß nur sein Bewußtsein darauf richten. Einmal am Tag sollte man das tun.

Und wenn Sie wieder einmal unschlüssig sind bei irgendwelchen Aktivitäten, Menschen, Vorhaben, Aufgaben, dann fragen Sie sich: »Bringt mich das mir jetzt näher oder nicht?« Wenn nicht: »Warum tue ich es?« Wenn Sie dann keine plausible Antwort finden, keine Begründung, dann sollten Sie es lassen. Entweder bringt es Sie sich näher, dann ist es klar, dann hat es seine Berechtigung; oder Sie haben einen anderen guten Grund. Dann sollten Sie sich den aber bewußtmachen, bevor Sie die Sache angehen. Sie werden sehen, eine ganze Reihe Aktivitäten, die Ihren Terminkalender füllen, fallen damit weg, können ersatzlos gestrichen werden.

Interessant wird es, wenn wir einmal einen ganzen Tag analysieren, lückenlos Tagebuch führen: Was mache ich heute von morgens bis abends. Tragen Sie auch Tätigkeiten ein, die nur eine Minute dauern. Selbst wenn die Eintragung eine halbe Minute dauert. Halten Sie fest: Wie vergeht mein Tag? Wo bleibt die Zeit? Schon wenn Sie das einen einzigen Tag tun und sich bei jedem einzelnen Punkt bewußtmachen: Bringt mich das mir näher? Wenn ja, ist es gut; wenn nicht - welchen Grund habe ich, es zu tun?

Ich verspreche Ihnen, mindestens zehn Prozent - wahrscheinlich mehr - können Sie ersatzlos streichen, weil Sie sagen: »Im Grunde genommen... Sicher, wir haben es immer so gemacht. Der andere erwartet das natürlich. Ich will nicht unhöflich sein...« Sie finden eine Begründung, die jetzt in Ihrem jetzigen Bewußtsein vor Ihnen keinen Bestand mehr hat.

Die beste Tarnung sind Telefonate. Plötzlich ist soviel Zeit weg, ohne daß man es gemerkt hat.

Telefonieren muß gelernt sein. Ich habe mir früher ein Zeitlimit von drei Minuten gesetzt. Kein Telefonat sollte länger als drei Minuten dauern, auch wenn es ein eingehendes Gespräch ist. Ich kann sagen: »Guten Tag. Wie geht es?« Oder ich kann, wenn der andere anfängt zu erzählen, konkret fragen: »Worum geht es?«

Wenn es um jemanden geht, mit dem ich gerne einmal sprechen möchte, dann kann ich sagen: »Jetzt kann ich gerade nicht, aber rufen Sie mich doch bitte heute abend an.«

Wir müssen uns auch bewußtmachen, wie wir mit dem Telefonieren umgehen. Das Telefon klingelt oft dann, wenn ich gerade an einer wichtigen Sache bin, aus der es mich herausreißt. Wenn ich aber nicht ans Telefon gehe, könnte das Gespräch noch wichtiger sein als das, was ich gerade tue. Und das ist auch nicht gut. Deswegen muß ich etwas Neues lernen: Ich muß das zwanzig Sekundentelefonat für mich entdecken. Nur hören, wer dran ist: »Worum geht es? - Das kann ich jetzt nicht. Rufen Sie mich doch morgen früh um 11:00 Uhr an. Dann bin ich zu erreichen. Danke, bis dann, auf Wiederhören!«

Oder ich kann jetzt nicht, will aber etwas von dem anderen. Er kommt mir eigentlich entgegen: »Ich rufe Sie zurück, geben Sie mir doch schnell Ihre Telefon-Nummer. Wann paßt es Ihnen am besten? Danke.« Ich lege den Hörer auf und bin sofort wieder in meiner Arbeit.

Wenn Sie nicht länger als eine Minute herausgerissen werden, dann ist alles noch in Ihrem inneren Computer gespeichert. Wenn es länger dauert - drei Minuten -, kann es schon sein, daß das Gebäude wackelt, Sie nicht mehr alles zur Verfügung haben und sich wieder einarbeiten müssen. So verlieren Sie oft zehn Minuten.

Das passiert Ihnen nicht, wenn Sie sich bei einem Telefonat auf weniger als eine Minute beschränken und nur feststellen: Wer ist es? Worum geht es? Wann machen wir es am besten?

Begeisterung

Zweiundzwanzigster Schritt.

Begeisterung ist die Liebeserklärung an das, was Sie tun. Suchen Sie sich also eine Tätigkeit, für die Sie sich begeistern können. Wenn Sie glücklich werden wollen, brauchen Sie etwas, wofür Sie sich begeistern. Geld ist kein Ersatz für Begeisterung. Sie können noch soviel verdienen, wenn Ihnen die Tätigkeit keine Freude macht, ist Geld auf Dauer kein Ersatz, und natürlich hat noch nie jemand ohne Begeisterung wirklich Großes zuwege gebracht. Schauen Sie sich die großartigen Leistungen an. Dahinter stand immer jemand, der getragen war vom Geist der Sache.

Eine Erfolgsaura schaffen, Charisma

Dreiundzwanzigster Schritt.

Was heißt das?

Charisma ist die Ausstrahlung eines Menschen. Ausstrahlen kann nur etwas, was da ist. Und was da ist, da sein kann - im Idealfall da sein sollte - ist das Selbst, das ICH BIN. Wenn es da ist, dann strahlt es aus. Charisma ist weder an Alter noch Geschlecht noch Position oder Leistung gebunden. Es ist auch keine besondere Gabe, die ein gütiges Schicksal an wenige Auserwählte verschenkt. Charisma kann von jedem entwickelt werden. Das heißt, wenn Sie in diesem Bewußtsein bleiben, sollte Charisma eine natürliche Begleiterscheinung Ihres Lebens sein, spätestens ab jetzt. Sorgen Sie also dafür, daß Sie stimmig sind. Und andere merken, daß Sie stimmen. Und schon haben Sie das, was Charisma eigentlich bedeutet. Es kommt aus dem Griechischen und bezeichnet die Fähigkeit, die Aufmerksamkeit auf sich zu lenken, dort festzuhalten und Erfolg zu haben.

Genau das geschieht, wenn man jemandem begegnet, der stimmig ist.

Vielleicht kennen Sie Menschen, von denen Sie sagen: »Bei dem ist es mir völlig egal, worüber wir sprechen. Ich bin einfach gern mit ihm zusammen. Da fühle ich mich wohl.« Seien Sie ein solcher Mensch, mit dem man gerne zusammen ist.

Charisma ist also nichts anderes als die Verwirklichung der wahren Persönlichkeit, des ICH BIN. Wenn Sie Charisma entwickeln wollen, machen Sie sich bewußt: Sie sind einzigartig, einmalig, eine faszinierende Persönlichkeit, und Sie sind eins mit dem EINEN. Wenn Sie aus diesem Bewußtsein der Einheit heraus handeln, haben Sie Charisma. Dann ist der Kontakt mit Ihnen eine Freude und ein Gewinn für jeden, der Ihnen begegnet. Genau das sollten Sie sich anfangs fragen: »Wodurch bringt der Kontakt mit mir dem anderen einen Gewinn?« Tun Sie deswegen nichts, was der andere erwartet oder wünscht oder hofft, zumindest nicht aus diesem Grund, sondern tun Sie es nur, wenn es stimmt. Seien Sie ein Geschenk für jeden, der Ihnen begegnet. Und der Beginn ist, daß Sie sich selbst als faszinierende Persönlichkeit betrachten.

Und aus diesem Selbstbewußtsein heraus strahlen Sie Ruhe und Überlegenheit aus, eine natürliche Gelassenheit. Dieses Charisma wirkt wieder auf Sie zurück, will sagen, durch Ihr Charisma werden die Menschen in Ihrer Umgebung von sich aus die Entscheidungen treffen, die Ihnen helfen, Ihre Aufgabe zu erfüllen und dem Ganzen zu dienen.

Durchhalten bis zum Erfolg

Vierundzwanzigster Schritt.

Ein Mißerfolg ist immer nur ein Zwischenergebnis auf dem Weg zum endgültigen Erfolg und der beste Lehrmeister.

Wenn ich in einer Meditation oder in der Schule des Lebens eine tiefe Erkenntnis gewonnen habe, habe ich versucht, sie so knapp zu formulieren, daß sie griffig ist und nicht mehr vergessen werden kann. Manchmal habe ich tagelang daran gearbeitet und gefeilt und poliert. Wenn es mir dann endlich gelungen ist, fiel mir der Kalenderspruch meiner Oma ein - und jetzt verstand ich ihn!

Da sehen Sie, man braucht die Welt nicht immer neu zu erfinden. Das haben andere vor uns schon getan. Und Erfahrungen haben andere auch schon vor uns gemacht. Zum Beispiel war einer der obigen Sprüche: *Nur wer durchhält, kommt ans Ziel.* Bei Licht betrachtet, ist es ganz klar. Oder (noch schöner): Wenn ich eine Sache beenden will, brauche ich sie nur zu beginnen. Also, wenn Sie wieder einmal etwas Unerfreuliches vor sich liegen haben und Sie hätten es gerne hinter sich, brauchen Sie nur anzufangen.

Ein japanisches Sprichwort sagt: *Der erste Schritt ist der halbe Weg.* Da ist etwas dran. Wenn man erst einmal angefangen hat, macht man meistens auch weiter. Dann ist die Trägheit überwunden. Dann taucht lediglich noch einmal irgendwann die Versuchung auf, wenn jemand sagt: »Ja, das ist aber nicht leicht.« »Warum sollte es eigentlich?« frage ich dann immer. »Niemand hat gesagt, daß es leicht ist oder sein müßte.« »Ja, Sie haben gut reden.« Und ich sage dann: »Worum man sich nicht bemühen muß, ist meistens auch nicht der Mühe wert.«

Wenn also etwas viel Mühe kostet, dann ist es wohl auch der Mühe wert. Wenn es um Ihre Beharrlichkeit geht, prüfen Sie doch einmal:

– Halten die anderen Sie für beharrlich?
– Wie beurteilt Sie Ihre Umgebung?
– Führen Sie das bis zum Ende durch, was Sie beginnen?

Lassen Sie sich einmal von Ihrer Umgebung beurteilen und seien Sie nicht enttäuscht.

Die geistige Qualität optimieren

Fünfundzwanzigster Schritt.

Damit keine Mißverständnisse auftauchen, der Untertitel muß lauten: Ändere dich nicht, *tritt hervor.* Also hören Sie auf, in der üblichen Art an sich zu arbeiten, sich zu bemühen, vorwärtskommen zu wollen, ein besserer Mensch zu werden. Erkennen Sie: Das alles sind Sie seit ewigen Zeiten. Sie brauchen es nur zum Vorschein zu bringen. Lassen Sie es in Erscheinung treten. Lassen Sie es sichtbar werden.

Machen Sie sich bewußt: Als Sie aus der Einheit in die Vielheit gingen, waren Sie vollkommen. Und etwas, was vollkommen ist, kann nie unvollkommen werden. Sie können es nur vergessen. Es ist Ihre wahre Natur. Sie brauchen also nur die Dinge geschehen zu lassen. Und der effektivste Rat auf diesem Weg heißt: *Sei du selbst.* Aber wer ist das schon? Wer hat schon den Mut, einfach er selbst zu sein, nein zu sagen, wenn ihm nach nein zumute ist, oder zu einer Entscheidung zu stehen, wenn alle dagegen sind; einen Weg fortzusetzen, der sehr schwierig ist, aber der richtige? All das erfordert Mut. Ich darf Ihnen versprechen, in nächster Zeit werden Sie Mut brauchen, den Mut zu sich selbst, so zu sein, wie Sie wirklich sind. Aber lassen Sie sich nicht mehr beirren. Sie haben sich einmal an sich erinnert. Sie sollten sich nicht mehr verlieren.

Viele Menschen sind irgendwann einmal für kurze Zeit aus ihrem Traum aufgewacht und wieder eingeschlafen, einfach wieder eingeschlafen. Sorgen Sie dafür, daß Sie nicht wieder einschlafen. Wenn Sie einen Moment einnicken, dann erinnern Sie sich wieder an sich, daß Sie wieder stimmig sind.

Erkenne den Sinn deines Lebens und deine wahre Berufung

Dazu gehört der *sechsundzwanzigste* Schritt.

Prüfen Sie noch einmal: Ist Ihr Beruf wirklich Ihre Berufung? Ist wenigstens das, was Sie anstreben, Ihre Berufung? Wie erkennt man das eine und das andere? - In einer persönlichen Vision.

Wir alle sind mit einer bestimmten Aufgabe in dieses Leben gekommen, und diese Aufgabe können wir uns in einer Vision bewußt machen. Machen wir doch noch einmal eine praktische Übung, sonst bleiben wir zu sehr in der Theorie. Schließen Sie bitte kurz die Augen. (Machen Sie es sich zur Gewohnheit, wenn Sie die Augen schließen, dem Körper zu gestatten, vollkommen bewegungslos zu sein. Das ist viel wichtiger, als Sie denken.)

Die Augen also schließen, jede Aktivität loslassen, dem Körper gestatten, vollkommen bewegungslos zu sein. Und jetzt lassen Sie vor sich das Bild Ihrer Vision entstehen. Sie schauen sich die Vision Ihres Lebens an, gehen ganz hinein, lassen dieses Bild ganz lebendig werden.

Eine andere Möglichkeit ist: Sie erleben sich über der Erde und sehen unter sich Ihren Lebensweg. Sie erkennen den Punkt, an dem Sie gerade sind, und schauen zurück, welche Strecke Sie zurückgelegt, was Sie alles erlebt haben. Sie sehen, es ging ganz schön auf und ab; aber Sie haben es geschafft, sind jetzt hier, schauen auf diesen Punkt, heben den Blick und sehen: Wie geht Ihr Lebensweg weiter? Welche Wegstrecke liegt jetzt vor Ihnen?

Was ist der nächste Schritt? Wo führt dieser Weg hin. Ist es wirklich mein Weg? Oder sollte ich einen anderen Weg wählen?

So machen Sie sich die Vision Ihres Lebens bewußt. Sie erkennen die Vision als innere Schau der Wirklichkeit.

Und wenn Sie klar sehen, richten Sie Ihr Bewußtsein wieder auf den Gegenwartspunkt und kehren zurück ins Hier und Jetzt.

Wenn Sie noch unklar sein sollten, was Ihre Berufung ist, brauchen Sie nur eine Liste Ihrer zehn Lieblingsbeschäftigungen zu machen. Es dürfen auch mehr sein. Dann wählen Sie die drei interessantesten aus. Das sollte die Tätigkeit Ihres Berufes sein.

Haben Sie noch die Frage nach dem Sinn Ihres Lebens? Aus diesem Bewußtsein heraus ist sie leicht zu beantworten. Der Sinn Ihres Lebens sind Sie selbst. Ihr Auftrag ist es, Ihr Leben wirklich zu leben, als Sie selbst, stimmig in jedem Augenblick, damit Sie eines Tages sagen können: »Ich habe gelebt.« Alles andere ergibt sich daraus. Welchen persönlichen Rahmen Sie Ihrem Leben geben, welchen Weg Sie wählen, den sichersten, den bequemsten oder den schnellsten, das ist Ihre Entscheidung. Wichtig ist nur, daß Sie Sie selbst sind.

Das Leben ist ein Spiel

Kommen wir zum *siebenundzwanzigsten* Schritt.

Und in diesem Spiel können Sie nur gewinnen. Es kommt aber vor, daß Sie ein verlorenes Spiel weiterspielen, das heißt, in einer Partnerschaft bleiben, die längst keine mehr ist, an einer Stelle aushalten, von der Sie längst wissen, daß es nicht Ihre ist - aus Feigheit vor der Umstellung, dem Neuen, den Anforderungen, die das Leben an Sie stellen könnte. Sie müssen aber wissen, wenn Sie im Spiel des Lebens am Zug sind und nicht ziehen, dann bekommen Sie Nachhilfeunterricht, und der kann unangenehm werden.

Wenn Sie das Leben wirklich als Spiel sehen, dann wissen Sie, daß auch der Tod nur der Übergang auf eine andere Ebene des Spiels ist. Eine Runde ist gespielt. Sie werten die Erfahrungen aus, die Sie in dieser Runde gemacht haben, und bereiten sich vor auf eine neue Spielrunde.

Wenn Sie das Leben als Spiel erkannt haben, dann wissen Sie, daß Besitz Illusion ist. Sie können nie etwas wirklich besitzen. Alles, was Sie zu besitzen glauben, haben Sie hier vorgefunden, und Sie werden auch alles hier zurücklassen. Das sind Spielsachen, die auf diese Ebene gehören, die auf dieser Ebene bleiben. Sie können der reichste Mensch der Welt sein, Sie werden keinen Pfennig davon mitnehmen. Nicht umsonst heißt es: Das letzte Hemd hat keine Taschen.

Etwas nehmen wir aber doch mit: Die Erfahrung.

Die können Sie unabhängig von Besitz oder Nichtbesitz aus jedem Umstand ableiten. Sie finden sie in jeder Aufgabe. In jedem sogenannten Problem finden Sie immer als Geschenk des Lebens an Sie: eine Erkenntnis, - das einzige, was Sie mitnehmen. Ihr Wissen geht wieder verloren. Aber das, was Sie sind, was Teil Ihres Bewußtseins ist, Ihre Erkenntnis, die nehmen Sie mit, weil Sie sich mitnehmen.

Das ganze Spiel des Lebens hat nur einen einzigen Sinn: Ihnen zu helfen, das Geheimnis Ihres wahren Seins zu entdecken, zu erkennen, wer Sie sind; Ihr geistiges Erbe anzutreten und zu leben in der Leichtigkeit des Seins.

Irgendwann ist in jedem Spiel Vollkommenheit erreicht, auch im Spiel des Lebens, zumindest die Vollkommenheit des einzelnen. Viele denken, wenn sie vollkommen wären, dann seien sie am Ziel. Ich kann Ihnen sagen: »Dann geht es erst richtig los.« Und irgendwann werden Sie erkennen, daß alles nur Vorbereitung auf das eigentliche Leben war. Aus meiner Sicht ist Vollkommenheit ähnlich dem Abitur im irdischen Leben. Bis zum Abitur denkt man meistens nur bis zum Abitur. Man hat keine Erfahrung, darüber hinauszudenken. Man denkt in Schule, Lernen, Prüfung, Zeugnis und Versetzung. Irgendwann hat man das Abi in der Tasche und sieht, es ist keineswegs das Ziel. Im Gegenteil: Jetzt geht es erst richtig los. So ist es mit der Vollkommenheit. So ist es mit der Wiedergeburt.

Wenn Sie dieses Bewußtsein jetzt halten, dann ist dies Ihre letzte Inkarnation. Dann stehen Sie danach vor der Wahl, freiwillig zu entscheiden, wie es weitergeht. Komme ich noch einmal wieder? Wenn ja, dann als Lehrer? Oder komme ich nicht mehr und gehe in eine andere Form des Seins? Dann werden Sie feststellen, daß die Schöpfung unzählige Möglichkeiten bietet für das, was wir Leben nennen.

Damit kommen wir zum *achtundzwanzigsten* Schritt.

Der wichtigste Augenblick in Ihrem Leben ist der jetzige

Und nur der. Seien Sie bewußt, Leben kann immer nur in diesem Augenblick stattfinden. Entwickeln Sie ein Bewußtsein für Lebensqualität und erkennen Sie: Wir bestimmen, wieviel und welche Qualität unser Leben hat. Richten Sie Ihr ganzes Bewußtsein auf Lebensqualität.

– Wohnen Sie am richtigen Ort?
– Gibt es einen besseren? Wenn ja, warum wohnen Sie nicht dort?
– Haben Sie das richtige Auto?
– Haben Sie den richtigen Partner?
– Haben Sie den richtigen Beruf?
– Haben Sie die richtige Gesundheit, Lebensfreude?

Wenn nein, liegt darin eine Aufforderung, das zu ändern.

Sie sind gerade in einem guten Bewußtsein. Das ist ein Regelkreis, der sich selbst erhält. Sobald Sie nämlich Ihr Bewußtsein auf das Stimmigsein richten, beginnt es, Sie stimmig zu machen. Wenn Sie also wieder einmal nach einem Weg suchen, ins Stimmigsein zurückzufinden, brauchen Sie nur Ihr Bewußtsein darauf zu richten und festzuhalten. Das ist alles. Wie wir es in einem früheren Kapitel geübt haben, einen Gedanken eine Minute oder fünf Minuten festzuhalten. Richten Sie Ihr Bewußtsein auf Stimmigsein und halten Sie es dann fest. Mehr ist nicht zu tun. Es ist ganz einfach. Nach längstens fünf Minuten sind Sie stimmig. Es geht gar nicht anders.

Sie werden gestimmt, wie ein Klavier, wenn Sie Ihr Bewußtsein darauf richten.

Der *neunundzwanzigste* Schritt zum Erfolg ist:

Leben im Tao - Wu Wei

Das *Wu Wei,* wie Sie alle wissen, weil Sie Chinesisch sprechen, bedeutet nicht das, wie es üblicherweise übersetzt wird, nämlich Nichttun, sondern richtiger als *nicht ich tun.* Es handelt durch mich. Es geschieht. Und es geschieht im richtigen Augenblick. Es geschieht zur richtigen Zeit, in der richtigen Form, wenn ich stimmig bin. Wu Wei ist, das Leben geschehen lassen, nichts tun; aber nichts ungetan sein lassen. Nichts tun heißt: Da ist niemand mehr, der handelt, sondern da ist ein Teil des einen Bewußtseins, das das Leben lebendig durch sich geschehen läßt.

Wenn wir das wieder in den Zusammenhang mit dem Erfolg stellen, dann kann man sagen: Die Aufgabe dieses Schrittes ist es, seine Mitte zu finden und aus seiner Mitte zu leben, denn wer seine Mitte gefunden hat, steht automatisch überall im Mittelpunkt und damit im Erfolg.

Ich denke da immer an einen Ausspruch von Bismarck, der irgendwann einmal eine Konferenz leitete. Es gab nur einen runden Tisch, weshalb sich die Schwierigkeit ergab, ihn am Kopfende zu plazieren, also auf den Ehrenplatz. Als man ihm von diesem Problem berichtete, wischte er es mit einer Handbewegung weg und sagte: »Wo ich bin, ist immer vorn.« Sorgen Sie dafür, daß dort vorn ist, wo Sie sind.

Leben aus dem Tao bedeutet auch: Begnüge dich nicht mit weniger als mit dem Allerbesten.

Viele Menschen glauben, daß das in unserer hektischen Zeit nicht möglich ist. In Wirklichkeit haben wir uns genau diese Zeit ausgewählt. Mag sein, daß sie schwierig ist; aber sie kann uns in einer Geschwindigkeit, die noch zu keiner Zeit möglich war, über uns hinaustragen.

Vollkommensein heißt also nicht, gut zu sein oder edel oder tugendhaft. Vollkommensein heißt einfach nur, echt, authentisch, der zu sein, der ICH BIN. Und das bedeutet: Leben als Meister. Sie sind ein Meister. Und nur ein Meister kann einen anderen Meister erkennen. In dem Augenblick, in dem er den anderen als Meister erkannt hat, hat er auch die Gewißheit, selbst ein Meister zu sein.

Das gelebte Leben

Was bleibt noch zu sagen? Der *dreißigste* Schritt ist die Zusammenfassung der neunundzwanzig Schritte zum gelebten Leben, die Praxis, das, was jetzt gerade beginnt, denn jetzt entscheiden Sie, auf welcher Ebene Sie weiterleben. Leben Sie auf der Ebene des Verstandes - in Argumenten -, in der äußeren Welt der Sinneswahrnehmungen - der Dualität -, dann werden Probleme auf Sie zukommen, Krankheit, Leid. Sie werden Wünsche haben und Hoffnungen. Hier werden Sie gefordert, intelligent, fleißig und beharrlich zu sein. Oder leben Sie auf der Ebene der Einheit, auf der Ebene des Seins, leben im Tao, als Meister, als vollkommener Ausdruck der einen Kraft, ein Aspekt der einen Kraft, die sich wieder an sich selbst erinnert hat? Dann können Sie alles andere vergessen. Sie brauchen nur noch zu sein, Sie selbst zu sein. Es gibt nichts mehr zu tun. Alles, was zu tun ist, geschieht durch Sie. Es kommt nur darauf an, daß Sie dieses Bewußtsein halten. Das ist alles. Machen Sie sich bewußt, das Leben wartet auf Sie. Verpassen Sie es nicht!

So, das war die Theorie. Jetzt kommt die Praxis - die Prüfung Ihres Bewußtseins im Alltag. Und diese Prüfung findet vierundzwanzig Stunden am Tag statt. Sie können in diesem Augenblick im höchsten Meisterbewußtsein sein, und im nächsten Augenblick abstürzen. Das Leben wird also immer wieder versuchen, Sie auf dem falschen Bein zu erwischen. Passen Sie auf, daß Sie darauf vorbereitet sind.

Sorgen Sie dafür, daß Sie stimmen, und überlegen Sie sich, wie Sie sich entscheiden. Es gibt nur drei Möglichkeiten. Entweder Sie sind Zuschauer im Spiel des Lebens, oder Spielfigur oder einer der Spieler. Ganz gleich, wie Sie sich entscheiden, lassen Sie sich trösten: Sie können Ihre Entscheidung in jedem Augenblick revidieren.

Das Leben ist ein Spiel, und in diesem Spiel können Sie nur gewinnen, und der Preis sind Sie selbst. Der Suchende ist in Wirklichkeit der Gesuchte. Und worauf es ankommt, ist, den Weg zu genießen.

Machen Sie sich also auf den Weg - und genießen Sie ihn.

Sie wissen doch: *Der Weg ist das Ziel!*

Kapitel III

Ich bin auf dem richtigen Weg...

Ich bin auf dem richtigen Weg...

...wenn ich immer wieder mein Leben über-
schaue und prüfe, was zu ändern ist.

... wenn ich immer wieder in die Stille gehe,
um mein Gemüt zu klären und meinen Blick für
das Wesentliche zu schärfen.

...wenn ich erkenne, daß es nicht wichtig ist,
an welchem Platz ich im Leben stehe, sondern
nur, wie ich ihn ausfülle.

...wenn ich jedem Menschen gestatte, so zu
sein, wie er ist, und ihm von vorneherein alles
vergebe, was immer er auch tun mag.

...wenn ich erkenne, daß niemand mich ärgern,
kränken, beleidigen, enttäuschen oder verletzen
kann, nur ich selbst, und daß ich es jederzeit lassen kann.

...wenn ich erkenne, daß ich selbst mein Schicksal verursache und das Leben will, daß ich gesund und glücklich bin.

...wenn ich erkenne, daß es weder unverdientes Glück noch unverdientes Leid gibt, sondern
nur Ursache und Wirkung.

...wenn ich all das, was ich schon als gut und

richtig erkannt habe, auch täglich praktisch lebe, anstatt es nur zu bewundern.

...wenn ich aus meinem Leben einen Dienst am Nächsten mache und der Gemeinschaft diene, ohne mich einzumischen oder Aufhebens davon zu machen.

...wenn ich mich nicht mehr mit der Rolle identifiziere, die ich hier auf dieser Welt spiele, sondern meinem wahren Selbst die Herrschaft übergebe und mehr und mehr die Vollkommenheit meines wahren Seins in meinem Leben zum Ausdruck bringe.

...wenn ich die Gesetze des Lebens, die die großen Meister überliefert haben, erkenne und beachte und so mein geistiges Erbe antrete.

...wenn ich jeden Tag so lebe, als sei es mein letzter, und in jeder Minute bereit bin, zu gehen.

...wenn ich auch meine äußeren Angelegenheiten so regele, daß mein Gehen anderen keine zusätzlichen Probleme schafft.

...wenn ich erkenne, daß selbst der Tod kein Übel ist, und alles, was geringer als der Tod ist, gelassen hinnehme und dieses Leben zu einem Erfolg mache.

Kapitel IV

Meditationen

Wenn ich bereit bin, schließe ich meine Augen, gestatte meinem Körper, vollkommen bewegungslos zu sein, und mache mir bewußt, wer ich wirklich bin. Ich bin nicht der Körper. Ich bin vollkommen, bin ewiges Bewußtsein. Ich war immer und werde immer sein, denn ICH BIN.

ICH BIN ein Teil des einen allumfassenden Bewußtseins. Mein Körper aber ist mein Werkzeug, das mir dient und gehorcht. Und so nehme ich wieder einmal mein Werkzeug ganz liebevoll in Besitz, durchdringe und erfülle meinen Körper bis in die letzte Zelle mit Bewußtsein. Ich bin mir meines ganzen Körpers bewußt. Ich beherrsche meinen Körper.

Aber ich beherrsche nicht nur meinen Körper. Ich, Bewußtsein, beherrsche auch meine Gedanken. Und so konzentriere ich jetzt die Vielfalt meiner Gedanken auf einen Punkt. Ich beobachte meinen Atem und erlebe dabei das Wunder vollkommener Konzentration, indem ich alles andere loslasse, außer dem einen, das ich gerade tue. Ich beobachte meinen Atem, nichts verändern, einfach nur beobachten.

Und während ich meinen Atem beobachte, erkenne ich, nicht ich atme, sondern ES atmet mich. ES atmet mich. ES ist das Leben selbst, das mich atmen läßt. Das Leben aber ist Gott, denn Gott lebt in mir und wirkt durch mich als ich. Wo immer ich bin, ist Gott. Bei jedem Atemzug spüre ich das Wirken Gottes in mir.

In diesem Bewußtsein erlebe ich von nun an meinen Atem. Und während mein Atem weiter geschieht, lasse ich die Außenwelt los und sinke in mich hinein, sinke ganz ruhig und gleichmäßig, wie eine Feder in einem hohen Dom, in mich hinein, sinke in meine lichte Innenwelt, in meine Mitte, schaue mich in meiner lichten Innenwelt um und erkenne vor mir eine Wiese.

Ganz leicht und frei gehe ich jetzt auf die Wiese. Ich nehme die Wiese mit allen Sinnen wahr. Ich spüre das Gras unter meinen Füßen und rieche den Duft der Blumen. Spüre die warme Sonne auf meiner Haut und atme die reine Luft. Ich nehme die Wiese mit allen Sinnen wahr. Hier fühle ich mich wohl. Das ist mein geistiger Entspannungsort.

Und so schaue ich mich auf meiner Wiese um. Suche mir einen schönen und bequemen Platz und lege mich hin. Mache es mir ganz bequem. Schaue den Wolken zu, wie sie ruhig und gleichmäßig am Himmel dahinziehen, und mache mir bewußt, was bis jetzt in meinem Leben geschehen ist. Alles hat mich zielgerecht nach hier geführt. Ich bin jetzt an einem Punkt, wo ich erkannt habe, wer ich wirklich bin. Ich fange an, die geistigen Gesetze zu kennen und zu begreifen und sinnvoll in meinem Leben zu nutzen. Ich habe erkannt, ich bin ein Schöpfer und bin ab jetzt der bewußte Schöpfer meiner Lebensumstände.

So mache ich mir einmal bewußt, welche Konsequenzen das hat. Wie sich dadurch mein Leben verändert. Mache mir bewußt, wie mein Leben ab jetzt aussieht. Ich stelle mir vor, ich gehe mit dieser neuen Einstellung an meinen Platz zurück. Welchen Einfluß hat mein verändertes Bewußtsein auf meine Partnerschaft, auf meinen

Beruf, auf meine Gesundheit? Ich schaue einmal hin, wie ich mit diesem Bewußtsein meinen Platz jetzt neu ausfülle, erlebe mich mit diesem Bewußtsein im Alltag an meinem Platz.

Aber ich stelle es mir nicht nur vor. Ich lasse es ganz lebendig werden und spüre, wie ich mich dabei fühle, spüre eine neu gewonnene Sicherheit in mir, aus mir selbst, erlebe, wie sich mein neues Selbstbewußtsein auswirkt.

Und ich erkenne, mein Leben ist ab jetzt viel reicher, interessanter, faszinierender, erfüllender. Ich freue mich auf dieses neue Leben an meinem Platz, freue mich darauf, meinen Platz auf ganz neue Art und Weise zu erfüllen, erkenne, jetzt erst wartet das eigentliche Abenteuer Leben auf mich, jetzt geht es erst richtig los.

Noch einmal spüre ich ganz bewußt, wie ich mich in meiner neuen Haltung im Alltag fühle. Ich freue mich auf diese neue Situation.

Dann löse ich mich behutsam aus der Vorstellung und kehre wieder zurück an die Oberfläche des Seins, zurück ins Hier und Jetzt. Wann immer ich bereit bin, öffne ich meine Augen, gestatte meinem Körper, sich wieder frei zu bewegen, bin wieder ganz bewußt im Hier und Jetzt. Ich bin hier als der, der ich wirklich bin, und freue mich auf mein neues Leben, das gerade begonnen hat.

● ● ● ● ●

Wenn ich bereit bin, schließe ich meine Augen, gestatte meinem Körper, vollkommen bewegungslos zu sein, und mache mir bewußt, wer ich wirklich bin. Ich bin nicht der Körper. Ich bin vollkommen, bin ewiges Bewußtsein. Ich war immer und werde immer sein, denn ICH BIN.

ICH BIN ein Teil des einen allumfassenden Bewußtseins. Mein Körper aber ist mein Werkzeug, das mir dient und gehorcht. Und so gestatte ich jetzt meinem Körper, vollkommen bewegungslos zu sein, so bewegungslos wie mein eigenes Denkmal. Das einzige, was mich noch bewegt, ist mein Atem.

Und während ich meinem Körper gestatte, vollkommen bewegungslos zu sein, erlebe ich, daß in mir jemand ist. Ich erkenne mich als den bewußten Denker. Ich bin der, der denkt. Ich bin nicht der Gedanke. Ich bin auch nicht mein Gefühl. Ich bin der, der fühlt. Ich bin der bewußte Beobachter meines Lebens. Ich bin Bewußtsein, war es immer und werde es immer sein - und erlebe, das Leben geschieht durch mich. Leben geschieht durch mich.

Und während das Leben durch mich geschieht, lasse ich das Denken los. Lasse es ohne Beachtung einfach geschehen. Mache mir keine Gedanken über die Gedanken, lasse sie einfach vorüberziehen wie die Wolken am Himmel.

Dann lasse ich die Außenwelt los und gehe in meine lichte Innenwelt, gehe in meiner lichten Innenwelt auf einen hohen Berg, sehe den Gipfel des Berges vor mir im Licht, gehe ganz bewußt die letzten Schritte hinein ins Licht, sitze im Licht auf einem hohen Berggipfel und nehme rundherum alles wahr. Körper, Seele und Geist sind im Einklang. Und ich erlebe, es atmet mich. Und über den Rhythmus des Atems bin ich im Einklang mit allem, nehme wahr, wie diese EINE Kraft jede Zelle meines Körpers erfüllt, spüre, wie mein ganzer Körper pulsiert im Rhythmus der Schöpfung. Es lebt durch mich. Es handelt durch mich. Und ich öffne die Tore der Wahrnehmung meines Geistes und erlebe die Unendlichkeit des geistigen Raumes, erlebe die Grenzenlosigkeit des Seins.

Mein Bewußtsein öffnet sich ganz weit, ganz weit. Ich werde immer weiter, weiter, grenzenlos, allumfassend. Ich spüre, höchstes Bewußtsein strömt über mein Scheitelchakra in mich hinein. Spüre, wie höchstes Bewußtsein behutsam mein Denken lenkt und mein Handeln bestimmt. Höchstes Bewußtsein erfüllt mein ganzes Sein. Ich bin eins mit dem höchsten Bewußtsein, bin eins mit dem Höchsten. ICH BIN.

In dieser Einheit bin ich auch eins mit dem Informationsfeld des Allbewußtseins. Alle Informationen stehen mir zur Verfügung. Und ich erkenne: Worauf auch immer ich mein Bewußtsein richte, ich erkenne die Antwort auf jede Frage, die Lösung für jede Aufgabe. Absolute Fülle umgibt mich mit Informationen und Erkenntnis. Das ganze Universum ist mein Körper. ICH BIN alles. ICH BIN wieder ganz bewußt der ICH BIN.

Als dieses Bewußtsein gehe ich von nun an durch mein Leben. Als dieses Bewußtsein erfülle ich meine Aufgabe. Und als dieses Bewußtsein kehre ich nun wieder zurück an die Oberfläche des Seins, zurück ins Hier und Jetzt.

Wann immer ich bereit bin, öffne ich meine Augen, gestatte meinem Körper, sich wieder frei zu bewegen, bin wieder ganz bewußt im Hier und Jetzt. Aber ich bleibe hier als der, der ich wirklich bin, als ich selbst.

● ● ● ● ●

Ihre Notizen

Leserservice

Kurt Tepperwein

Schicksal und Bestimmung

Tepperweins neues Buch geht ausführlicher als andere Bücher auf den Karmaaspekt ein. So erfährt der Leser mehr über das Lebensschicksal in seiner ganzen Komplexität. Das Dharma als Lebensaufgabe ist eng an das karmisch bedingte Schicksal geknüpft. Auch hier vermittelt der Erfolgsautor interessante und bisher eher vernachlässigte Einsichten. Zum Schluss gibt er dem Leser noch sieben Schlüssel zum Glück in die Hand, die sich als Schlussfolgerung aus den vorherigen Gedanken auffassen lassen. Ausgesprochen lebenspraktische Hinweise ergänzen die Aussagen des Autors.

ISBN 3-931652-62-9
168 Seiten · broschiert
DM 19,90

Kurt Tepperwein

Jung und vital bis ins hohe Alter

Einmal mehr macht uns Tepperwein die Möglichkeiten unserer geistigen Kräfte bewusst: „Wir als Menschen entscheiden, ob wir am Strom des Lebens oder dem des Todes teilnehmen ..." – und das in jeder Sekunde unseres Lebens. Jugend und Vitalität bis ins hohe Alter können wir erhalten, wenn wir uns dem Wandel und den Gezeiten des Lebens hingeben, wenn die Quelle unserer Energie der Vitalstrom des Lebens selbst ist. Dazu gehört der freie Ausdruck der Seele, die richtige stoffliche, geistige und seelische Nahrung und der richtige Umgang mit unserer Sexualenergie.

ISBN 3-931652-81-5
168 Seiten · broschiert
DM 26,90

Theo Fischer

Das Tao
der Selbstfindung

Dieses Buch vom Autor des Bestsellers »Wu wei, die Lebenskunst des Tao« ist eine Lektion in Sachen Hinwendung zur Wirklichkeit. Wer den Mut aufbringt, sich dem objektiven Zustand seines Lebens ehrlich und rückhaltlos zu stellen, wird erleben, dass er damit den Kraftschluss herstellt, der jene Energien freisetzt, mit denen er seine Probleme lösen kann.

ISBN 3-931 652-85-8
224 Seiten · broschiert
DM 24,90

Theo Fischer

Wu wei -
Lebenskunst des Tao
Die Antwort auf alle unsere Probleme
ist unfassbar einfach

Wer je im Leben eine tiefgreifende Existenzkrise durchlebt hat, erinnert sich vielleicht, dass die Wende zum Besseren genau in der Phase eintrat, als er sich, vollkommen erschöpft, aufgegeben hatte.
Nicht mehr kämpfen, im Strom der eigenen unendlichen Kraft leben - das meint WU WEI - wörtlich: nicht handeln, nicht eingreifen, sondern uns jener kosmischen Energie anvertrauen, die Laotse einst das TAO genannt hat. Das ist die Weisheit, die dieses Buch lehrt.

ISBN 3-923 781-34-2
116 Seiten · broschiert
DM 18,80

Olivia Moogk

FENG SHUI
Neun erfolgreiche
Strategien für Gewinner

Bislang unbekannt war der Bagua-Imagery-Faktor, der Sie durch neun Bereiche des Denkens führt. Er bringt Sie zum erfolgreichen Handeln auf der ganzen Linie, in allen Bereichen.
Für Neueinsteiger in das Thema, wie für professionelle Feng Shui-Consulter, liegt hier der Schlüssel zu dauerhaftem Erfolg. Betreten Sie die neun Erkenntnisräume und sehen Sie, auf welchem Sektor Sie noch Lücken haben. Das Buch gibt Ihnen viele Inspirationen, wie Sie noch mehr Klarheit erlangen können und Hilfen für die Umsetzung im täglichen Leben.

ISBN 3-931652-54-8
178 Seiten · gebunden · zweifarbig
mit vielen Abbildungen
DM 29,90

Satya Singh

Der Reif
Roman

Der Reif mit den kostbaren zwölf Steinen gehörte vor über drei Jahrhunderten einem indischen Meister, der seine Macht missbrauchte, wodurch der Reif samt seinen Steinen verloren ging. Dieser Meister wird als Archäologe in unserer Zeit wiedergeboren und macht sich mit einer indischen Seherin auf die Suche nach dem Reif und den dazugehörenden Steinen. Er besteht viele Abenteuer und wird zugleich in die Praxis und die geistigen Hintergründe des Yoga eingeführt.

Die Yoga-Übungen werden am Ende des Buches mit Illustrationen dargestellt und erläutert.

ISBN 3-931652-55-6
370 Seiten · gebunden
mit vielen Bildern
DM 29,90